• Guias Ágora •

Os Guias Ágora são livros dirigidos ao
público em geral,
sobre temas atuais, que envolvem
problemas emocionais e psicológicos.
Cada um deles foi escrito por
um especialista no assunto,
em estilo claro e direto,
com o objetivo de oferecer conselhos e
orientação às pessoas que
enfrentam problemas específicos,
e também a seus familiares.

Os Guias descrevem as características gerais
do distúrbio, os sintomas, e,
por meio de exemplos de casos,
oferecem sugestões práticas que ajudam
o leitor a lidar com suas dificuldades
e a procurar ajuda profissional adequada.

Dados Internacionais de Catalogação na Publicação (CIP)
(Câmara Brasileira do Livro, SP, Brasil)

Boyd, Deirdre
  Vícios : esclarecendo suas dúvidas / Deirdre Boyd ; [tradução Dinah de Abreu Azevedo]. — São Paulo : Ágora, 2000. — (Guias Ágora).

Título original: Addictions.
Bibliografia.
ISBN 85-7183-711-2

1. Alcoólatras – Reabilitação 2. Auto-ajuda – Técnicas 3. Comportamento compulsivo – Tratamento 4. Toxicômanos – Reabilitação 5. Viciados – Reabilitação I. Título. II. Série.

99-5083   CDD-362.29

Índices para catálogo sistemático:

1. Vícios : Problemas sociais   362.29

Compre em lugar de fotocopiar.
Cada real que você dá por um livro recompensa seus autores
e os convida a produzir mais sobre o tema;
incentiva seus editores a encomendar, traduzir e publicar
outras obras sobre o assunto;
e paga aos livreiros por estocar e levar até você livros
para a sua informação e o seu entretenimento.
Cada real que você dá pela fotocópia não autorizada de um livro
financia o crime
e ajuda a matar a produção intelectual de seu país.

Vícios

Esclarecendo suas dúvidas

Deirdre Boyd

ÁGORA

Do original em língua inglesa
Addictions
Copyright © 1998 by Deirdre Boyd
Primeiramente publicado na Grã-Bretanha, em 1996,
por Element Books Limited, Shaftesbury, Dorset.

Tradução:
Dinah de Abreu Azevedo

Capa:
  Ilustração: Slatter-Anderson
  Finalização: Neide Siqueira

Editoração eletrônica e fotolitos:
JOIN Editoração Eletrônica

Proibida a reprodução total ou parcial
deste livro, por qualquer meio e sistema,
sem o prévio consentimento da Editora.

Nota da Editora:
As informações contidas nos Guias Ágora
não têm a intenção de substituir
a orientação profissional qualificada.
  As pessoas afetadas pelos problemas
aqui tratados devem procurar médicos,
psiquiatras ou psicólogos especializados.

Todos os direitos reservados pela
Editora Ágora Ltda.
Rua Itapicuru, 613 – cj. 82
05006-000 – São Paulo, SP
Telefone: (11) 3871-4569
http://www.editoraagora.com.br
e-mail: agora@editoraagora.com.br

Dedicatória e Agradecimentos

Queria dedicar este livro e, ao mesmo tempo, agradecer aos autores e editores que me deram permissão para citar suas obras, em particular Wally Beirne, Jerry Moe e Gary Seidler; Sally Benjamin, Gerald Deutsch, dra. Kathy Hirsch, Dennis Hyde e Tammy Bell pelas informações valiosas; os curadores da Addiction Recovery Foundation, Benjamin Mancroft, Leslie Griffiths, David Macmillan, John Fenston, Tristan Millington-Drake, Peter Morris e Martin Noel-Buxton; minha agente Serafina Clarke e minha editora Grace Cheetham; Molly Parkin e Kennedy por acreditarem que eu tinha um livro dentro de mim; dra. Jacqueline Chang pela revisão do original e pelo apoio; os professores Chris Cook e David Nutt pela revisão da parte neuroquímica; John Porter, meu colega de longa data, sem o qual eu não teria terminado o livro a tempo; Lynda Pritchard, que me fez o maior elogio possível colocando em prática algumas sugestões do livro! Broadreach House, Tony Hazzard e Maureen McGee; Wang (Reino Unido), a quem devo minha vida; Caroline A., Ron Condon, Rosa Della-Tolla, Tony e Janet, Julius Gibbs, Dee e John Harvey, Sheila Holmes, James Kearney, Laurie Lipton, Bruce Lloyd, Edwina Mansell, Laurence McMorrow, Claudia Peres, Sheila Powney, Samira Rekab, Helen Sheridan, Mark Sherry, Daphne Thomas e o dr. Michael Wilks pelo apoio de valor inestimável; Jane, que não pôde escapar do vício; Rua e Buachaillin; a multidão de primos, Bill e tio Liam; a minha imensa família, principalmente *meu pai Harry e minha mãe Kitty*.

Sumário

Introdução		9
1	O vício	13
2	Listas de vícios específicos	19
3	"Causas"	39
4	Estratégias de auto-ajuda para uma vida mais feliz I: táticas de emergência	49
5	Estratégias de auto-ajuda para uma vida mais feliz II: uma base sólida para projetos de longo prazo	59
6	Estratégias de auto-ajuda para uma vida mais feliz III: projetos a longo prazo	73
7	O movimento mundial dos Doze Passos	105
8	Recaídas e ajuda profissional	127

Conclusão 139

Apêndice I: Casos especiais — Crianças e adolescentes . . . 141

Apêndice II: Casos especiais — Diagnóstico dual 157

Leituras complementares 175

Índice remissivo 177

Introdução

Só por hoje, vou me permitir ser tão feliz quanto gostaria de ser.

"SÓ POR HOJE", ALCOÓLICOS ANÔNIMOS

O vício talvez seja a única doença que você tem de entender para se curar. Quando terminar de ler este livro, você, com toda a certeza, vai estar entendendo. Na verdade, como ele contém as informações mais recentes das melhores fontes em que pude pôr as mãos graças a meu cargo de editora da única revista do Reino Unido dedicada à recuperação (*Addiction Counselling World*), você vai ter tantas informações quanto muitos profissionais do ramo.

Os viciados, sua família e seus amigos em geral se sentem impotentes para acabar com os danos causados a e por um viciado, e assistem a tudo passivamente. O objetivo deste livro é explicar o que acontece, eliminar esse sentimento de impotência e orientar tanto o viciado como as pessoas que lhe são próximas em direção a uma vida em que a ajuda, o apoio e a paz de espírito sejam possíveis.

O Capítulo 1 identifica características comuns a todos os vícios. Essas semelhanças destacam o fato de que também é possível encontrar semelhanças nas soluções e nos pontos de apoio.

O Capítulo 2 apresenta listas de sintomas de tipos específicos de vícios, tanto químicos (isto é, álcool e drogas) como não-químicos (comportamentos como exageros com comidas e bebidas, vício em trabalho, compras ou jogos de azar), assim como doenças obsessivo-compulsivas.

10   *Vícios*

O Capítulo 3 examina as "causas" do vício. As descobertas das pesquisas dos últimos anos mostram que tanto os vícios em substâncias químicas quanto os comportamentais estão ligados a desequilíbrios químicos preexistentes no organismo. Os viciados em potencial têm níveis baixos das substâncias químicas que dão a sensação de bem-estar e estão naturalmente presentes no corpo de outras pessoas. Só conseguem "sentir-se bem" usando uma substância artificial que desencadeia a produção dessas químicas — e, ao mesmo tempo, dá início ao processo do vício. Descobrir como funciona essa cadeia química pode ajudar-nos a entender que parar não tem nada a ver com inteligência ou força de vontade — só com não tomar aquele *primeiro* drinque, droga ou outro objeto de vício que ativa a cadeia química.

Os níveis baixos das substâncias químicas que fazem a pessoa se sentir bem podem ser ainda mais reduzidos por eventos da infância. Ao pensar nesses eventos em retrospectiva, é possível colocá-los no contexto e reagir a eles positivamente. Isso aumenta de forma natural os níveis das substâncias químicas que nos fazem sentir bem.

O Capítulo 4 detalha as táticas de auto-ajuda para emergências, quando você sente que *precisa* lançar mão de seu vício.

O Capítulo 5 mostra como usar os "limites" — invisíveis escudos físicos e emocionais— para protegê-lo enquanto você estiver aprendendo as táticas e as estratégias de longo prazo descritas no Capítulo 6. Vale a pena praticar todas elas quando não houver terapeutas profissionais à disposição, ou entre as sessões de terapia mesmo quando tiver terapeuta, a fim de verificar quanto você pode melhorar as coisas por si mesmo.

Se houver um grupo de Doze Passos para seu vício em particular, talvez você não precise procurar ajuda profis-

Introdução 11

sional, pois o grupo vai apoiá-lo em sua auto-administração e sugerir outras formas de recuperação.

O Capítulo 7 explica exatamente o que é um grupo de Doze Passos e o que um grupo assim tem a lhe oferecer.

Se, apesar de tudo o que foi dito acima, você achar que não vai conseguir acabar com o seu vício, está na hora de procurar ajuda profissional. O Capítulo 8 explica os diferentes tipos de tratamento existentes: individual, em grupo, tratamento durante o dia e internação. Explica também o que procurar no tratamento e o que esperar no decorrer da terapia.

O Apêndice I trata do caso especial dos adolescentes. A maioria deles não viveu o bastante para ter cometido com freqüência os atos extremamente vergonhosos e lesivos que os adultos cometeram no decorrer do seu vício e que os levaram a pedir ajuda. No entanto, podemos abrir-lhes os olhos e a mente para o valor da vida sem vícios.

Infratores da lei levados aos tribunais e ao sistema de direito penal às vezes também relutam em fazer um tratamento. Um dos programas destinados aos adolescentes pode funcionar para eles.

O Apêndice II trata dos casos especiais de "transtorno dual": outra doença acompanha o vício e pode estar sendo mascarada por ele. As mais comuns são depressão, transtornos de personalidade e esquizofrenia. É vital que esses casos sejam diagnosticados — o transtorno dual pode significar uma cura dual. Esse apêndice trata também de uma minoria que costuma ser ignorada: pessoas com deficiência física. As pessoas costumam ter a idéia errônea de que os deficientes físicos são uma exceção — de que o vício é tudo que esses deficientes têm para tornar mais fácil uma vida dura. Mas o vício é a deficiência mais mutiladora de todas, e tem de ser vencido.

Por fim, encerrando o livro, há algumas sugestões de leituras (a lista também inclui detalhes de todos os livros e revistas mencionados no texto).

12   *Vícios*

Eu teria imenso prazer em ter contato com leitores que acharam este livro proveitoso. Você pode se comunicar comigo a/c do meu editor ou na *Addiction Counselling World*, 122 A Wilton Road, Londres, SW1V 1JZ, Inglaterra.

CAPÍTULO 1

O vício

Eu ocupava um alto cargo numa empresa multinacional. Tinha casa própria. Tinha uma relação afetiva há sete anos. Era bem-sucedida. Mas estava numa pior. O que minha família não sabia era que eu começara a beber no escritório, arriscando meu emprego. Estava com dois meses de atraso no pagamento de minha hipoteca. Apesar do bom salário que recebia, não estava conseguindo pagar as contas. Meu namorado estava se tornando cada vez mais violento e insultante. As pessoas pararam de me convidar para os eventos sociais.

CATHERINE

Cresci achando que ser viciado em trabalho era uma virtude. Recusava convites para compromissos sociais porque "tinha" de trabalhar. Perdia eventos familiares porque "tinha" de trabalhar — era a única desculpa que minha família, toda ela viciada em trabalho, entendia e aceitava. No fim, eu não conseguia manter nenhuma conversa que não fosse a respeito de trabalho. Minha vida social restringia-se exclusivamente a meus colegas de trabalho. Em dezessete anos de carreira, só tirei três semanas de férias. Com quase quarenta anos, eu estava me sentindo muito sozinho.

Em geral eu fazia o serviço de três pessoas e, mesmo assim, não ganhava tanto quanto meus iguais que só ocupavam um cargo. Tinha medo de pedir um aumento e perder o emprego. Era como um alcoólatra que estivesse sendo pago para beber — não havia como questionar o pagamento.

JOHN

Às vezes existe somente um indício ou outro do vício, de que algo não está certo. Fica muito mais doloroso se você

14 *Vícios*

esperar demais, quando estiver desesperado para parar sem saber como. É igualmente doloroso assistir a alguém próximo cair na degradação que acompanha o vício desenvolvido. Nesse ínterim, todos terão sofrido os danos crescentes dos ataques de raiva, das brigas, das dificuldades financeiras, dos constrangimentos sociais, do estresse, da imprevisibilidade, dos acidentes e dos ferimentos, das doenças emocionais e físicas.

A boa notícia é que existem soluções que funcionam. E você não é obrigado a chegar aos piores estágios do vício para tentar reverter a situação.

Este capítulo examina o que é comum a todos os vícios. Apresenta também uma lista relativa à "codependência" que acompanha todo vício. Curar-se da codependência faz parte de curar-se do vício.

AS CARACTERÍSTICAS COMUNS

Antes de tudo, uma definição do que o vício *não* é. Não tem nada a ver com falta de força de vontade ou de inteligência. Na verdade, se você é viciado, é provável que tenha coeficientes acima da média tanto de inteligência quanto de força de vontade.

Os paradoxos são muitos. Por exemplo: se você é viciado em uma substância química ou um comportamento, está procurando uma válvula de escape para um sofrimento do qual talvez não tenha mais consciência, ou de lembranças das quais não se recorde mais conscientemente.

Os viciados têm pouca auto-estima. Podem odiar a si mesmos, ainda que consigam apresentar uma máscara de pessoa bem-sucedida ao mundo (e os viciados em jogo, por exemplo, têm uma sensação de autoconfiança exagerada, de poder e controle). Muitas vezes sentem-se envergonhados e acham que merecem ser castigados. Podem ser solitários, principalmente quando rodeados pelos amigos.

Os viciados preocupam-se com sua substância química ou com seu comportamento. Podem passar longos períodos não só "exercendo seu vício" (isto é, usando a substância química ou o comportamento), como também pensando sobre esse uso ou em como abandoná-lo, tentando financiar o vício, participando de atividades que os ajudam a usar sua substância ou comportamento e tentando compensar as conseqüências de uma fase de uso intensivo. São atraídos por pessoas com os mesmos hábitos, de modo que seu comportamento não parece tão reprovável assim perto delas.

Se você é um viciado, é provável que já tenha notado que se preocupa excessivamente com a aprovação dos outros. Apesar de sua espiral descendente, em geral você é perfeccionista.

A maioria dos viciados está distante — dissociada — de seus sentimentos e de seu corpo, tanto que nem sequer os percebem. Quando se pergunta a um deles como se sente, sua resposta começa inevitavelmente com "Acho que...". A reação vem do intelecto, não do corpo. Por exemplo: você já assustou os outros com sua raiva e depois negou que estivesse com raiva — e realmente falava sério? Quando alguém comentou que você parecia irritado, você negou a evidência do que essa pessoa viu com os próprios olhos e acreditou estar dizendo a verdade?

Infelizmente, os viciados não estão distanciados de todos os sentimentos. Se você está lendo este livro, já deve ter tido os mais intensos sentimentos de medo, vergonha, solidão, aflição e desespero crescente. O único sentimento de euforia veio provavelmente da excitação, uma descarga de adrenalina. É por isso que a busca de excitação pode tanto ser um vício em si quanto um estímulo para outros vícios.

Todos os viciados precisam cada vez mais de seu vício para chegar ao mesmo nível de euforia, excitação ou intoxicação; conseguem uma satisfação cada vez menor do mesmo "volume" de vício. Quase todo viciado já tentou controlar,

16   *Vícios*

reduzir ou parar de usar sua droga, porém só consegue durante períodos limitados, quando consegue, apesar das boas intenções e de todos os esforços.

Você ou alguém próximo também pode ter colocado em risco ou perdido relacionamentos afetivos, oportunidades educacionais e empregos. Você ou essa pessoa pode ter adotado um comportamento de "conseguir crédito", voltando-se para a família ou amigos em busca de ajuda para resolver problemas financeiros ou outros — mas não o vício propriamente dito. Você ou essa pessoa pode ter dito algo do gênero, "Se você tivesse os problemas que tenho, também beberia/usaria drogas/ou faria a mesma coisa". Isso se chama "negação", pois, antes de tudo, é o vício que causa os problemas.

Um observador de fora notará um padrão de vício: preocupação, negação, necessidade de continuar e recaída no vício com seu comportamento característico, tudo piorando progressivamente.

Acredito que um ingrediente vital do vício é um sofrimento ao qual não se permitiu expressão adequada na infância, de modo que ele se intensifica, ignorado, durante décadas. Esse sofrimento pode estar relacionado com maus-tratos emocionais ou físicos, abuso sexual ou perda de um ente querido, provocada por morte, divórcio ou separação. Remontar à origem e passar pelo sofrimento durante a recuperação do vício é um sinal certo de progresso.

A CODEPENDÊNCIA

Nunca conheci um viciado que não fosse também codependente. A codependência — a palavra da moda dos anos 80 — é o vício de estar sempre procurando as coisas em outro lugar. Pode incluir substâncias químicas ou comportamentos, mas em geral significa um certo tipo de dependência de outras pessoas.

O vício   17

Há uma piada que pode ajudar a explicar: "Codependente é alguém que descobre como você está, mas não sabe lhe dizer como é que ele está". Outra piada descritiva é: "Quando um codependente está prestes a morrer, *flashes* da vida de outra pessoa passam por seus olhos". Um codependente vai riscar um fósforo ou acender o isqueiro antes que a própria pessoa saiba que está com vontade de fumar.

Em outras palavras, se você é codependente, as reações dos outros têm tanta importância para você que, se você não conseguir lidar com elas, vai se voltar para o vício. Como lidar com sua reação a outras pessoas é algo que poderá aprender com os "limites" explicados no Capítulo 5.

O codependente age como se tivesse percepção extrasensorial. Em outras palavras, adivinha o que os outros estão sentindo ou poderiam sentir diante de determinada situação e, por isso, alteram todas as suas ações em função daquela reação potencial, de modo a "não aborrecer ninguém". Não consegue expressar seus próprios desejos e necessidades porque não sabe quais são, já que está habituado a submeter-se aos dos outros. Isso pode levar a doenças mentais e físicas. Toda a questão é explicada com mais detalhes em *Co-Dependence: Healing the Human Condition* (Codependência: curando a condição humana), do dr. Charles Whitfield.

Você pode se tornar codependente não apenas em relação a pessoas que lhe são próximas afetivamente, como até a pessoas de quem não gosta, como o chato do vizinho. Pode acabar ficando tão preocupado com aquele vizinho desagradável e com suas atitudes pouco urbanas quanto qualquer outro codependente com relação a seu par amoroso.

Abaixo estão algumas das 31 perguntas que o dr. Whitfield usa para diagnosticar a codependência (ver também as perguntas sobre relacionamentos codependentes do Capítulo 6):

18 *Vícios*

1. Você procura conseguir aprovação e confirmação?
2. Você não consegue reconhecer suas realizações pessoais?
3. Tem medo de críticas?
4. Tem necessidade de perfeição?
5. Sente-se inquieto quando sua vida está indo bem e você não pára de prever problemas?
6. Tem facilidade em cuidar dos outros, mas acha difícil cuidar de si mesmo?
7. Você atrai/procura pessoas que tendem a ser compulsivas?
8. Você se apega a suas relações afetivas?
9. É difícil para você relaxar e se divertir?
10. Tem um senso exagerado de responsabilidade?
11. Tem tendência à fadiga crônica, dores e desconforto?
12. Tem dificuldade em pedir aos outros o que você quer?

A codependência pode deixar você se sentindo tão vazio que vai tentar preencher isso de formas pouco saudáveis, as quais levam à doença emocional e física. Repetindo, a solução vem do uso dos "limites" apresentados no Capítulo 5.

UMA SOCIEDADE QUE VICIA

Vivemos em uma sociedade que vicia. Todos nós temos alguns dos sintomas descritos neste e no próximo capítulo, o que não significa necessariamente que você é um viciado. A questão é saber em que medida esses sentimentos afetam sua vida.

Recuperar-se de um vício significa adquirir um modo de vida novo, mais gratificante e muito mais feliz. As tentações da vida cotidiana ainda terão de ser enfrentadas, contudo nossa atitude diante delas muda.

CAPÍTULO 2

Listas de vícios específicos

Conheci Peter quando estava de férias no exterior e passamos momentos maravilhosos. Ele tinha um corpo fantástico, embora eu me surpreendesse com seu interesse pela musculação. Ele também comia e bebia muito, mas dizia que raramente fazia isso em casa.

Quando me convidou para visitá-lo em casa duas semanas depois, demos de cara com um amigo dele que o cumprimentou com as seguintes palavras: "Legal ver você sóbrio para variar".

Não quero entrar numa relação afetiva com alguém que tem problemas com bebida ou comida. Sei que as coisas vão acabar mal. Mas gosto dele de verdade. Ele é viciado mesmo?

ROBI

Reparei em Anne na hora do almoço porque ela estava escondendo uma fatia de pão preto sob a mão, fazendo-a deslizar para fora da mesa e cair no colo. Quando foi embora, ainda estava escondendo o pão. Foi muito estranho, porque ela poderia ter comido às claras, como todos os outros que estavam à mesa.

Algumas noites depois, acendi a luz da cozinha e descobri que Anne estava ali no escuro, mexendo no guarda-comida. Não é que estivesse roubando um monte de comida, e tinha direito a ela, seja como for. Eu só não conseguia entender por que ela estava pegando a comida como se fosse uma ladra. Pareceu tão culpada ao ser surpreendida...

PATRICIA

Como saber se uma pessoa próxima a você é viciada? Este capítulo apresenta listas de sintomas de vícios específicos. Alguns se pautam por critérios médicos, outros foram compilados por especialistas com décadas de experiência em sua área. Eles podem confirmar se você precisa tomar uma

20 *Vícios*

providência ou não. Se estiver preocupado com alguém, pode mostrar-lhe essas listas. Talvez não obtenha nenhuma reação imediata — pode até ter de enfrentar sua cólera —, mas terá lançado as sementes da recuperação. As pessoas acreditam muito mais no que vêem escrito num livro do que em algo que ouviram dizer.

Talvez você já saiba que tem um problema e resolveu fazer algo a respeito. Nesse caso, espero que as listas lhe reassegurem que não está sozinho, que você não é "louco" nem "mau", e sim parecido com um grande número de pessoas e que pode se recuperar da doença da mesma forma que outros com esses mesmos sintomas.

Como definimos o vício ou dependência de uma substância química? Para os objetivos deste livro, vamos usar "vício" como a descrição abrangente aceita pela maioria do público leigo. Entretanto, vale a pena tomar conhecimento que mesmo profissionais que atuam no campo do tratamento nem sempre concordam com a terminologia.

"Dependência" costuma ser empregada com freqüência, e "substância química" é usada tanto quanto "droga". Alguns profissionais também definem o vício como algo que se aplica somente a uma substância/produto químico/droga que altera o humor ou a consciência; e dependência como algo que se refere a comportamentos para conseguir o mesmo efeito, como jogo ou trabalho. Outros ainda preferem "dependência" para descrever pessoas só emocionalmente dependentes ou só fisicamente dependentes (em vez de dependente emocional e fisicamente ao mesmo tempo) de uma substância. Outros ainda preferem as palavras "abuso" ou "uso indevido".

DROGAS

Esta seção discute as "drogas preferidas": álcool, nicotina e cafeína, assim como as drogas ilegais e receitadas por médicos.

Listas de vícios específicos   21

"É provável que a melhor maneira de ver o alcoolismo ou vício em drogas seja como uma doença fatal progressiva com fatores genéticos e químico-cerebrais bem estabelecidos, que se manifesta em comportamentos como perda de controle com excesso de bebida/drogas, negação e necessidade de continuar", afirma o dr. Michael Wilks do Medical Council on Alcoholism de Londres. A descrição parece assustadora, mas é possível conseguir uma remissão permanente do vício em álcool e outras drogas.

A definição mais amplamente aceita de dependência de substância química foi publicada em 1994 pela American Psychiatric Association em seu manual de diagnóstico intitulado *DSM-IV*. O *DSM-IV* a define como grupo de sintomas mentais, físicos e comportamentais que mostra "o uso contínuo da substância apesar de problemas significativos ligados a ela. Existe um esquema de auto-administração repetida que em geral resulta em tolerância, abstenção e comportamento compulsivo de ingestão da droga".

A "tolerância" constitui-se na necessidade de quantidades visivelmente maiores da substância para conseguir a intoxicação/efeito desejado, ou um efeito visivelmente menor apesar do uso continuado da mesma quantidade. Quando a dose maior não afeta mais o que sentimos — um estágio pelo qual podemos esperar dez anos —, o choque pode ser tão grande que você talvez tente fazer um tratamento.

Os sinais de "abstenção" podem se manifestar horas ou dias depois que a pessoa pára ou reduz o uso da substância. Muitas pessoas conhecem a expressão *cold turkey* [literalmente, "peru frio"] que, em inglês, descreve a abstenção da heroína sem medicação.

Se você já tentou parar de beber, talvez tenha começado a suar, a ter taquicardia, tremores nas mãos, insônia, náusea ou vômitos, alucinações, ansiedade ou convulsões.

22 Vícios

Os sintomas de abstenção de anfetamina ou cocaína incluem disforia (o contrário de euforia), fadiga, sonhos desagradáveis, insônia ou hipersônia (excesso de sono), aumento do apetite e reações lentas ou agitadas.

Quanto aos opióides — morfina, heroína, codeína, metadona e até laxantes e remédios contra a tosse —, incluem disforia, náusea ou vômito, dores musculares, choro, coriza, dilatação da pupila, pele arrepiada ou suor, diarréia, bocejos, febre e insônia.

A abstenção da nicotina é fácil de reconhecer. Seus sintomas são depressão, insônia, irritabilidade, frustração ou raiva, ansiedade, dificuldade de concentração, inquietação, redução dos batimentos cardíacos e aumento de apetite.

Os sintomas de abstenção da cafeína incluem fadiga ou sonolência, ansiedade ou depressão e náusea ou vômito.

Os sintomas de dependência de substância química

Abaixo estão os critérios do DSM-IV para a dependência de substância química:

1. Tolerância (quantidades maiores/efeitos menores).
2. Síndrome de abstenção, ou uso de outra substância para evitar os sintomas da abstenção.
3. Uso freqüente de quantidades maiores ou uso durante períodos mais longos do que os pretendidos.
4. Desejo persistente ou esforços malogrados de reduzir ou controlar o uso da substância.
5. Dispêndio de muito tempo para obter a substância — por exemplo, procurar múltiplos médicos ou lojas de bebidas, dirigir longas distâncias.
6. Abandono ou redução de importantes atividades sociais, profissionais ou de lazer por causa do uso da substância.

Listas de vícios específicos 23

7. Uso contínuo da substância, apesar de saber que é portador de um problema físico ou psicológico persistente ou recorrente, que provavelmente é causado ou exacerbado pela substância. Por exemplo, usar cocaína, ainda que entre na depressão induzida por esse produto químico, ou beber mesmo sabendo que vai fazer sua úlcera piorar.

Se os itens 1 e 2 não estiverem presentes, não há dependência física (ainda).

Os sintomas de abuso da substância

Algumas pessoas podem abusar de substâncias químicas sem ficar dependentes delas — conseguem parar. Mas, durante um período de doze meses, manifestarão, como os viciados, um ou ambos os sinais seguintes de problema clínico significativo:

1. Uso recorrente da substância que resulta no não-cumprimento de obrigações importantes no trabalho, na escola ou em casa, como absenteísmo, desempenho profissional medíocre, suspensões ou expulsão da escola, negligência dos filhos em casa.
2. A substância é usada em situações fisicamente perigosas, por exemplo, ao dirigir um carro ou operar uma máquina.

O importante é saber que, ao abusar da droga de sua preferência, você pode sofrer os mesmos danos médicos e sociais que os viciados.

Se você reconheceu seu próprio comportamento em qualquer dos sintomas das seções anteriores, já deu o primeiro passo vital para a recuperação. Com o reconhecimento vem o início do fim de seu vício.

24 *Vícios*

COMIDA

Quase todas as mulheres que conheço e que têm um corpo excepcionalmente bonito sofrem de algum problema alimentar e sempre se acham gordas demais. Segundo minha experiência, as pessoas que são "a média da média" ou "moderadamente cheias" são mais felizes com seus corpos imperfeitos do que os viciados em comida com seus quase perfeitos.

Infelizmente, com a pressão cada vez maior da sociedade para termos um corpo magérrimo como os das supermodelos, estudos constataram um número significativo de crianças de até seis anos de idade preocupadas com sua imagem corporal.

Os vícios em comida se dividem em dois tipos: anorexia nervosa e bulimia nervosa. Existem também os que comem demais, que se vêem mais esbeltos do que são, ao passo que os anoréxicos e bulímicos se vêem pelo menos 30% mais gordos do que são realmente.

Em geral, os anoréxicos passam fome, embora alguns também cometam seus exageros e depois tentem eliminar tudo como os bulímicos. Já foram admitidas em hospitais adultas anoréxicas pesando somente 25 quilos — e vendo-se com excesso de peso o tempo todo que estiveram lá. Porém, o problema alimentar que traz mais riscos para a saúde é o das pessoas que oscilam entre a anorexia e a bulimia, porque é grande demais o esforço que o corpo tem de fazer para equilibrar os efeitos de quase morrer de fome e depois cometer exageros homéricos e tentar eliminar tudo.

Se você é anoréxica, talvez tenha tentado dissimular seu comportamento dizendo que está virando vegetariana radical ou procurando obsessivamente lojas de produtos naturais. Pode ter se viciado em fazer exercícios para perder peso ou, principalmente nos Estados Unidos, em "cortar e esticar" — cirurgia plástica, lipoaspiração e congêneres.

Os sintomas da anorexia nervosa

Repetindo: a definição mais usada de anorexia encontra-se no manual *DSM-IV*, publicado pela American Psychiatric Association, em 1994.

1. Recusa em manter o peso corporal no ou acima do peso normal mínimo para a idade e altura ou acima dele (o peso corporal costuma ser menos de 85% do que deveria ser).
2. Medo intenso de ganhar peso ou engordar, mesmo quando está abaixo da tabela.
3. Distúrbio da imagem corporal (a pessoa vê todas ou uma determinada parte do corpo como se fosse gorda, mesmo estando abaixo do peso normal).
4. Nas mulheres, ausência de pelo menos três ciclos menstruais consecutivos.

Julia Buckroyd, em outro livro desta coleção, *Anorexia e bulimia*, apresenta a seguinte lista de características de anorexia:

- queda de cabelo
- insônia
- temperatura corporal baixa e batimentos cardíacos lentos
- frio / má circulação
- surgimento de lanugem — pêlos finos que crescem no corpo todo, inclusive no rosto
- pele seca e unhas quebradiças
- pressão baixa

Quase morrer de fome por ser anoréxica pode afetar a maioria dos órgãos do seu corpo, da mesma forma que laxantes, diuréticos e enemas. A anemia é um efeito colateral comum.

26 *Vícios*

Os sintomas da bulimia nervosa

Se você é bulímica, costuma cometer exageros alimentares e depois tenta eliminar tudo para evitar o aumento de peso. Também procura comer em segredo — veja a história de Anne na primeira página deste capítulo.

Você pode planejar de antemão fazer uma orgia alimentar e não parar enquanto não estiver com dores, de tão cheia. Em seguida, ficará com ódio de si mesma pela falta de controle. Isso é pior do que a anorexia, por fazer você se sentir uma "anoréxica fracassada".

A definição de bulimia nervosa que apresento a seguir também está no manual *DSM-IV*.

1. Exageros alimentares recorrentes, isto é, comer num determinado intervalo de tempo (a cada duas horas, por exemplo) mais comida do que a maioria das pessoas consumiria num intervalo semelhante em circunstâncias semelhantes — acompanhadas da sensação de falta de controle na alimentação.
2. Comportamento compensatório recorrente e inapropriado para evitar o aumento de peso, como vomitar, usar indevidamente laxantes, diuréticos, enemas ou outras medicações, jejuar ou fazer ginástica demais.
3. Ambas as situações anteriores acontecem, em média, pelo menos duas vezes por semana durante três meses.
4. A auto-avaliação é indevidamente influenciada pela forma do corpo e pelo peso.

Além disso, você pode estragar o esmalte dos dentes por causa do vômito freqüente e ficar com mau hálito, distúrbios digestivos e irritação na garganta e na boca.

Assim como há os que abusam de substâncias que alteram a consciência ou o humor, mas não são viciados, há aqueles que "se consolam com comida" ou comem demais de forma compulsiva. Mesmo sem ser um início, esse é um padrão de comportamento que causa muitos problemas. Ao contrário dos bulímicos, os que comem "para se consolar" em geral não compensam com excesso de ginástica, vômitos ou ingestão de laxantes. Portanto, são mais fáceis de perceber pela obesidade.

Finalmente, o chocolate. Já disseram que o chocolate, ou o cacau, libera substâncias químicas no cérebro que produzem efeitos semelhantes aos da maconha. A opinião científica mais recente, no entanto, é que o cacau não tem muita coisa que possa viciar e que os "viciados em chocolate" são, na verdade, afetados pelo açúcar e pela textura gordurosa desse alimento.

JOGO E EXCITAÇÃO

O vício do jogo é persistente e desintegra os interesses pessoais, familiares ou profissionais. A maioria dos viciados em jogo diz que está mais em busca de "ação" — euforia ou uma descarga de adrenalina — que de dinheiro.

Trata-se de um vício semelhante ao vício químico no sentido de que apostas ou riscos cada vez maiores podem ser necessários para produzir o nível desejado de excitação. Como o vício em substâncias químicas, é provável que tenha havido euforia no início, desencadeada por uma grande vitória, tanto do jogador como de algum acompanhante. Também pode-se manter o vício apesar dos esforços repetidos de controlar, reduzir ou eliminar esse comportamento.

Depois de exaurir seus recursos financeiros no vício, o jogador tem ainda mais probabilidade de se voltar para a falsificação, a fraude, o roubo ou o desfalque do que os viciados em substâncias químicas, principalmente se procurar compensar suas perdas com apostas ou riscos cada vez maiores. Todos os viciados em jogo tentam compensar

28 *Vícios*

suas perdas em períodos curtos, mas a tentativa de compensar as perdas a longo prazo é característica do vício.

Os viciados em jogo diferem dos outros viciados por sentirem autoconfiança exagerada e falsa, ou sensação de poder e controle. Podem ser supersticiosos. É provável que também se diferenciem dos outros viciados por reconhecerem o jogo como a causa de seus problemas.

O jogo em geral começa no início da adolescência para os homens e mais tarde para as mulheres.

Os sintomas do vício no jogo

Para ser considerado viciado, é preciso manifestar cinco ou mais dos seguintes sintomas, segundo o *DSM-IV*:

1. Preocupação com o jogo.
2. Necessidade de jogar quantias cada vez maiores a fim de obter a excitação desejada.
3. Repetidos esforços malogrados de controlar, diminuir ou parar de jogar.
4. Agitação ou irritabilidade quando tenta diminuir a freqüência ou parar de jogar.
5. Uso do jogo para fugir dos problemas ou aliviar a disforia.
6. Depois de perder dinheiro no jogo, volta muitas vezes no dia seguinte para ir à forra ("compensar" suas perdas).
7. Mentir para os membros da família, terapeutas ou outros para esconder a extensão do envolvimento com o jogo.
8. Ter cometido atos ilegais como falsificação, fraude, roubo ou desfalque para financiar o jogo.
9. Ter colocado em risco ou perdido uma relação afetiva importante, o emprego, ou oportunidades profissionais ou educacionais por causa do jogo.

Listas de vícios específicos   29

10. Contar com os outros para obter dinheiro a ser gasto para mitigar uma situação financeira desesperadora provocada pelo jogo.
11. O comportamento de jogar não pode ser atribuído a um "episódio maníaco".

Como no caso dos vícios em substâncias químicas, a recuperação do vício do jogo é possível quando se podem compartilhar experiências de pessoas em situação parecida e passar pelos sintomas da abstenção com o apoio da família e dos amigos, aprendendo a resolver o problema e desfrutando os benefícios de uma forma de pensar mais positiva.

TRABALHO

O "workaholism", o vício no trabalho, é conhecido como "o vício respeitável", mas traz muitas das conseqüências devastadoras dos outros vícios. Na primeira vez que fui tratar dos meus próprios vícios, perguntaram-me: "Você é uma pessoa bondosa? É uma pessoa má? Gosta muito de se divertir?" Não consegui responder a uma única pergunta. Eu apenas sabia que escrevia bem e que produzia revistas. Toda minha identidade estava concentrada em meu trabalho. Eu não tinha senso de identidade fora da profissão.

No Japão, o excesso de trabalho é tão comum que 10 mil operários por ano morrem em função de semanas de trabalho de sessenta a setenta horas. Os japoneses cunharam o termo *karoshi*, que significa matar-se de trabalhar.

Segundo os Workaholics Anônimos, se você responder "sim" a três ou mais das perguntas que seguem, há uma boa probabilidade de que seja viciado em trabalho ou prestes a se tornar um.

1. Você fica mais empolgado com seu trabalho do que com sua família ou qualquer outra coisa?

30 *Vícios*

2. Há fases em que consegue se superar em seu trabalho e outras em que não consegue fazer nada?
3. Leva trabalho para fazer à noite? Nos fins de semana? Nas férias?
4. O trabalho é a atividade de que mais gosta e sobre a qual mais fala?
5. Trabalha mais de quarenta horas por semana?
6. Transforma *hobbies* em empreendimentos que dão dinheiro?
7. Assume completa responsabilidade pelo resultado de suas atividades profissionais?
8. Sua família ou seus amigos já desistiram de esperar que você chegue na hora?
9. Faz hora extra porque acha que, se não fizer, o trabalho não vai ficar pronto?
10. Subestima o tempo de que um projeto vai precisar e depois corre para terminá-lo?
11. Acredita que é certo trabalhar em excesso porque adora o que faz?
12. Fica impaciente com pessoas que têm outras prioridades além do trabalho?
13. Tem medo de que, se não trabalhar para valer, vai perder o emprego ou ser um fracassado?
14. O futuro é uma preocupação constante, mesmo quando as coisas estão indo muito bem?
15. Faz as coisas de forma enérgica e competitiva, inclusive se divertir?
16. Fica irritado quando as pessoas lhe pedem para parar de trabalhar e fazer outra coisa?
17. Suas longas horas de trabalho magoaram sua família ou outras relações afetivas importantes?
18. Pensa em seu trabalho enquanto está dirigindo, caindo no sono ou quando os outros estão conversando?
19. Trabalha ou lê durante as refeições?

Listas de vícios específicos 31

20. Acredita que mais dinheiro vai resolver os outros problemas de sua vida?

Você ficará satisfeito em saber que a abstinência de trabalho não é a solução para seu vício! Trata-se, ao contrário, de aprender a equilibrar o trabalho com o resto de sua vida. Há dicas especiais para a recuperação do *workaholism* no Capítulo 6.

COMPRAS

Os gastadores compulsivos "sentem um barato" com o processo de gastar, não com o que está sendo comprado. Não têm respeito algum pelo dinheiro, embora insistam em dizer que, se não tivessem nenhum, teriam sintomas graves de abstenção, como aqueles pelos quais passam qualquer alcoólatra ou viciado em drogas.

Os gastadores compulsivos também ficam excitadíssimos com a idéia de *não* serem pegos pelos amigos, familiares ou entes queridos. Muitas vezes o roubo de dinheiro, cartões de crédito ou talões de cheques gera sensações parecidas com as que têm enquanto estão fazendo compras.

Os viciados em compras têm uma percepção intensa do próprio valor e uma auto-estima elevada enquanto estão gastando, e o exato oposto quando não estão.

Ken Dyer, diretor-executivo do Patsy Hardy Centre, que trata de viciados em compras, assim como de outros tipos de viciados, apresenta a seguinte lista de perguntas para determinar se você é um gastador compulsivo:

1. Sente um calor interno e uma sensação intensa de bem-estar quando está fazendo compras?
2. Precisa realmente do que está comprando?
3. Pode se dar ao luxo de comprar o que está comprando?
4. Tem objetos em casa que são duplicatas?

32 *Vícios*

5. Tem compras em casa cujo pacote nem abriu?
6. Deve dinheiro por causa de seus gastos?
7. Já roubou para poder gastar?
8. Seus gastos já causaram problemas conjugais ou familiares?
9. Já teve problemas com a polícia em função de seus gastos?
10. Toma regularmente alguma bebida alcoólica ou medicação?
11. Faz três refeições regulares todos os dias?
12. Acha que seu comportamento em relação aos outros muda quando não tem dinheiro ou não pode sair para fazer compras?
13. Consegue parar de gastar sem passar por uma grande crise?

O Patsy Hardy Centre também tem uma lista de efeitos como mentir/enganar/roubar, dívidas grandes, perda de sono, suores noturnos, perda de apetite, uso de outras substâncias químicas que alteram o humor, a consciência ou o comportamento, mudanças bruscas de humor, prisão e até morte.

Os gastadores compulsivos podem ser tratados da mesma forma que os outros viciados.

Amor, sexo, relações afetivas

O amor e o sexo têm sido descritos como as drogas mais poderosas do mundo. São realmente incentivados pela sociedade — mas têm os mesmos efeitos e conseqüências que todos os outros vícios descritos neste capítulo.

Você pode ficar cego para o mundo, passando pelo processo de necessidade, tolerância, abstenção e recaída. Aqui, tolerância significa que você pode lançar mão de seu vício cada vez com maior intensidade — talvez sexo mais fre-

Listas de vícios específicos 33

qüente com mais parceiros, ou sexo mais violento ou pornográfico — para sentir algo parecido com sua excitação inicial. Conheço uma viciada em sexo que teve mais de cem parceiros ao longo de um ano e, no entanto, não conseguia mais alcançar o orgasmo. Outra tolerava um parceiro violento "porque o sexo era maravilhoso".

A abstenção pode levar à ansiedade, solidão, pesar e uma sensação de que "não consigo viver sem ele / ela". Você então vai atrás de seu ex-amor ou procura outro imediatamente para ocupar seu lugar. E, evidentemente, se está tomando uma decisão rápida assim, é pouco provável que seja a melhor de todas.

Principalmente no vício do amor, há um sentimento de que "somos nós contra o mundo". O mundo exterior é gradualmente eliminado, assim como a realidade do cotidiano. O amor e o sexo são drogas tão poderosas que as pessoas sob seu poder ficam cegas para o que está acontecendo à sua volta, tanto quanto os viciados em álcool, cocaína ou heroína.

Às vezes pode ser difícil separar o vício do amor do vício do sexo, sobretudo numa sociedade que sempre junta os dois. O vício do amor, contudo, pode envolver uma preocupação com sonhos e fantasias românticas — luzes suaves, música, cavaleiros andantes —, ao passo que a preocupação com o sexo costuma envolver um planejamento específico sobre o ato sexual propriamente dito. É claro que é possível ser viciado em amor e sexo ao mesmo tempo.

As perguntas seguintes para saber se você tem um problema de vício em amor ou sexo foram formuladas pelos Viciados em Sexos Anônimos (VSA).

1. Você mantém suas atividades sexuais ou amorosas em segredo para as pessoas que lhe são mais importantes? Tem vida dupla?

34   *Vícios*

2. Suas necessidades já o levaram a fazer sexo em lugares ou situações ou com pessoas que você não escolheria normalmente?
3. Você se surpreende procurando artigos ou cenas sexualmente excitantes em jornais, revistas ou em outros meios de comunicação de massa?
4. Acha que as fantasias românticas ou sexuais interferem em suas relações ou o impedem de enfrentar problemas?
5. Muitas vezes tem vontade de se afastar de um parceiro sexual depois de fazer sexo? É freqüente sentir remorso, vergonha ou culpa depois de um encontro sexual?
6. Sente vergonha de seu corpo ou de sua sexualidade e por isso evita tocar seu corpo ou manter relações sexuais? Tem receio de não ter sentimentos sexuais, de ser assexuado?
7. Será que toda nova relação afetiva possui os mesmos padrões destrutivos que o levaram a acabar com a última?
8. Precisa de mais variedade e freqüência de atividades sexuais e românticas do que antes para alcançar os mesmos níveis de excitação e alívio?
9. Já foi preso ou correu o risco de ser por causa de voyeurismo, exibicionismo, prostituição, sexo com menores, telefonemas indecentes etc.?
10. Sua busca por relações sexuais ou românticas interfere em suas crenças ou em seu desenvolvimento espiritual?
11. Suas atividades sexuais incluem o risco, a ameaça ou a realidade de doença, gravidez, coerção ou violência?
12. Seu comportamento sexual ou romântico já o deixou se sentindo desesperado, alienado dos outros e até suicida?

Listas de vícios específicos   35

Se respondeu "sim" a mais de uma dessas perguntas, recomenda-se que você procure literatura adicional ou ajuda. A abstinência costuma ser recomendada por um ano — não pela vida inteira! —, enquanto você aprende a resistir e a fazer escolhas mais saudáveis e objetivas.

RELIGIÃO

Lembro-me de acordar certa manhã, quando tinha oito anos de idade, e descobrir um padre católico na minha cama. Lembro-me dele me acariciando e me tocando de noite. Mas minha família se comportava como se nada tivesse acontecido. Minha mãe estava tão embriagada com a religião que ficou cega para qualquer imperfeição num padre. Acreditava na história dele de que tinha ido para o quarto de hóspedes depois do jantar.

MARIA

Algumas pessoas podem ficar tão preocupadas com a religião e seus ritos que, como no caso dos outros vícios, perdem a noção dos acontecimentos que estão se dando à sua volta. Não dão ouvidos a nenhuma conversa que ameace seu vício.

Assim como ocorre com o trabalho, o vício em religião pode ser difícil de identificar porque a devoção religiosa é importante — de modo que usá-la para disfarçar comportamentos compulsivos é muito eficiente. É um caso clássico de palavras certas servindo de desculpa para as ações erradas. Talvez seja significativo que algumas árvores genealógicas mostrem uma geração de viciados em religião, a geração seguinte de alcoólatras, a seguinte em religião, a seguinte de alcoólatras, e assim por diante.

A religião pode ser usada para criar uma sensação de controle e poder, para a supressão forçada de sentimentos e como desculpa para governar as palavras e atos dos outros. Também permite ao viciado sentir-se seguro, por

36 *Vícios*

causa da justificativa, em relação às conseqüências de seus próprios atos. Como no caso de todos os outros, o vício em religião permite ao viciado evitar enfrentar a realidade. Compilei os seguintes indícios de vício em religião a partir de várias fontes:

1. Você acha que, ao enfrentar problemas ou frustrações, tende a rezar ou ler/recitar a Bíblia/o Talmude/o Corão em vez de pensar objetivamente no problema e tentar chegar a uma solução construtiva?
2. Já mudou seu sistema de valores quando sentiu que era seu dever religioso fazer isso? Põe a religião na frente de seus sentimentos e/ou dos sentimentos de seus filhos?
3. É incapaz de duvidar ou questionar informações de/ou autoridades religiosas?
4. Vê as coisas em preto-e-branco, ou como boas e más?
5. Acha que Deus/Alá vai escolhê-lo, ou fazer tudo para você, sem um trabalho sério de sua parte?
6. Adota rigidamente regras, códigos, éticas ou diretrizes? Usa muitas vezes as palavras "deve" ou "tem de"?
7. Faz juízos de valor com facilidade? Está sempre pronto a encontrar defeito ou maldade?
8. Acha que o sexo é sujo e/ou que os prazeres físicos são prejudiciais?
9. Come muito e compulsivamente, ou jejua demais?
10. Põe a religião na frente da ciência, da medicina e/ou da educação?
11. Já afastou algum familiar, amigo ou colega de trabalho com sua postura religiosa?
12. Abandonou atividades sociais, familiares, profissionais ou outras por causa de sua religião?

Listas de vícios específicos 37

13. Sofre de dores nas costas, insônia, dores de cabeça, hipertensão (pressão sangüínea anormalmente elevada)?
14. Manipula as escrituras ou textos para justificar suas ações, sente-se um eleito ou afirma receber mensagens de Deus/Alá?
15. Entra em estados parecidos com transes?

Se você responder "sim" a apenas algumas dessas perguntas, precisa descobrir se está ou não usando a religião para reprimir seus sentimentos e evitar enfrentar a realidade.

TRANSTORNO OBSESSIVO-COMPULSIVO

Consiste em obsessões (pensamentos repetitivos) ou compulsões (comportamentos repetitivos) que consomem mais de uma hora por dia ou provocam sofrimento ou redução visível de sua capacidade de viver normalmente. Em um determinado momento, você vai reconhecer que seus atos, ou os de alguém próximo, são exagerados ou absurdos.

Os transtornos obsessivo-compulsivos costumam ser considerados um vício e parecem realmente haver semelhanças entre eles. Mas seu tratamento é muito diferente do tratamento do vício, respondendo melhor à medicação do que à terapia que explora as causas possíveis. Por esse motivo, e porque podem acompanhar um vício, são detalhados no Apêndice II sobre transtornos duais.

VOCÊ É FELIZ?

Você pode usar uma das listas deste capítulo para persuadir um ente querido a se tratar — ou para levar você a se tratar. Um amigo meu muito bem-sucedido em convencer as pessoas a se tratar nunca pergunta quanto elas be-

38 *Vícios*

bem/consomem drogas/jogam/cometem exageros alimentares/usam seu vício, nem (quanto o vício prejudicou sua vida. Em vez disso, pergunta: "Você é feliz?. Como elas não estariam conversando com ele se não precisassem de ajuda, a pergunta é um tanto supérflua — mas funciona invariavelmente. Depois ele pode passar para as outras perguntas.

O próximo capítulo mostra como os vícios que acabamos de descrever podem ter começado e como identificar algumas das origens pode ajudar no processo de recuperação.

CAPÍTULO 3

"Causas"

A pesquisa das "causas" dos vícios ainda é recente, e descobertas estão sendo feitas enquanto você lê este livro. A maior parte começa com informações gerais sobre o tema e depois se torna mais específica. Porém, as informações sobre o vício começaram de forma bem determinada — alcoolismo — e mais tarde expandiram-se para incluir outros vícios.

O tratamento efetivo do vício numa escala razoável só teve início em 1935, com os Alcoólicos Anônimos. A pesquisa que liga o alcoolismo a causas genéticas surgiu há muito pouco tempo, em 1973. E foi somente nos anos 90 que os pesquisadores publicaram informações sobre os vínculos entre herança genética, substâncias químicas do cérebro e comportamentos viciados.

Embora nem todos concordem com os detalhes da pesquisa, o importante é que existem elementos suficientes para provar que o vício não significa de forma alguma falta de moral ou de força de vontade. Não é culpa das pessoas adquirirem o vício — mas a responsabilidade deste livro é mostrar que elas podem se livrar dele.

A palavra "cura" não é utilizada, uma vez que o desequilíbrio químico fica latente durante a recuperação e pode ser ativado até por uma única recaída no vício.

O vício tem múltiplas causas e múltiplas soluções. O alcoolismo, o primeiro vício a ser estudado, tem sido definido como um transtorno/doença biopsicossocial. "Bio" reconhece o vínculo químico tangível. "Psico" indica que está ligado à nossa psicologia. A palavra "social" é usada tanto porque o alcoolismo afeta a sociedade como porque

40   *Vícios*

alguns acham que a sociedade ajuda a provocá-lo. O termo "doença" ainda desperta controvérsias, embora tenha ajudado muitas pessoas a se recuperar; a palavra "distúrbio ou transtorno" está se tornando mais popular. Vamos examinar todos os vícios de acordo com essas definições.

CAUSAS BIOLÓGICAS OU GENÉTICAS

Na década de 1970, pesquisas — de gêmeos ou de crianças separadas dos pais, mas que acabaram revelando as mesmas características de alcoolismo — provaram que o alcoolismo é mais uma conseqüência da genética do que apenas um traço familiar "aprendido". Portanto, os filhos de alcoólatras têm mais probabilidade de se tornarem viciados do que os filhos de não-alcoólatras, mesmo que não tenham contato com o pai, a mãe ou ambos.

Uma pesquisa publicada em 1995 mostra também que existe uma diferença em uma onda cerebral, relacionada à estimulação auditiva, o P300, nas crianças com risco de se tornarem alcoólatras na vida adulta. Essa diferença não existe em todos os que se tornam alcoólatras, e pode "normalizar-se" no início da vida adulta, mas não existe em crianças provenientes de famílias não-alcoólatras.

Os avanços da neurociência — a ciência do cérebro — nos anos 90 ligam a dependência de álcool e outros produtos químicos e comportamentos viciados à falta de certas substâncias no cérebro. Isso nos ajuda a ver as ligações entre os diferentes vícios. Por exemplo: foi descoberto que o álcool imita os efeitos da cocaína, das benzodiazepinas (como o Valium) e das anfetaminas no cérebro. É por isso que misturar qualquer dessas substâncias com álcool intensifica perigosamente seu efeito. O álcool também lembra o ópio porque pode desencadear no organismo a produção de

"Causas" 41

analgésicos naturais parecidos com a morfina, chamados endorfinas.

Ao examinar a forma pela qual os vícios se parecem uns com os outros nesse nível, podemos entender também por que os tratamentos são parecidos entre si. Nesse sentido, vale a pena acrescentar que o colesterol é um álcool complexo, o que poderia explicar parte do efeito dos exageros alimentares e a facilidade de transferir o vício de uma substância para outra.

Compreender a química de nosso cérebro nos ajuda a aceitar que é vital ficar longe daquele *primeiro* drinque, droga ou outro vício que pode ativar a cadeia química do vício.

Agora... imagine uma substância que pode deixá-lo no maior bom humor, melhorar sua memória, reduzir a ansiedade, eliminar fobias, favorecer seu metabolismo, intensificar suas emoções — e ajudá-lo a "simplesmente dizer não" à agressão, ao álcool, às drogas, ao sexo, aos exageros alimentares e a outros comportamentos compulsivos e questionáveis. É a serotonina, uma droga natural produzida pelo seu corpo — que se supõe estar em falta, seja por causa da genética, seja pelo tipo de criação, nas pessoas que se tornam viciadas.

Não é de surpreender que as pessoas a quem falta a serotonina se voltem para algo que provoca os mesmos efeitos que as pessoas com sistemas biológicos "normais" desfrutam automaticamente.

Imagine ainda uma substância que pode lhe dar sensações que vão de uma saciedade tranqüila, passando por uma alegria moderada, até a euforia e o orgasmo. É a dopamina, como a serotonina, uma droga natural produzida pelo corpo que também se supõe estar em falta nas pessoas que se tornam viciadas.

A serotonina, a dopamina e as endorfinas são neurotransmissores, substâncias químicas naturais do corpo que

42   *Vícios*

transmitem mensagens entre as células nervosas. Os neurotransmissores que afetam o vício se situam no feixe do prosencéfalo medial do cérebro, ou, para citar seu nome mais popular, constituem "a trilha do prazer".

Os neurotransmissores viajam somente entre grupos de células semelhantes. Existem muitas "fechaduras" ou receptores, cada qual interagindo com uma determinada substância ou "chave".

O álcool reproduz os efeitos da serotonina, da dopamina e das endorfinas. A cocaína e as anfetaminas imitam a dopamina. A heroína, outras drogas, a cafeína e certos alimentos também se comportam como neurotransmissores. A lista parece crescer, sendo o tabaco o item mais recente que se provou que reage indiretamente com a dopamina.

A pesquisa também mostrou que até a antecipação do álcool aumenta os níveis de dopamina. Isso tem implicações importantes no que diz respeito ao "sentimento de necessidade" no comportamento de procurar a substância. A pesquisa indica ainda que ações repetitivas podem elevar os níveis de serotonina, o que reforça comportamentos formadores de hábitos.

Supõe-se que a quantidade que cada pessoa possui desses neurotransmissores esteja relacionada tanto com seus genes quanto com sua criação. Desse modo, em tese, a medicação e/ou a terapia deveriam ajudar. Mas as coisas não são tão simples quanto parecem. A serotonina, por exemplo, ajudou algumas pessoas a ficarem longe do álcool — porém só por um mês.

A boa notícia é que você mesmo pode aumentar os níveis das substâncias químicas que o fazem sentir-se bem, e de forma saudável. Muitas das sugestões de recuperação dos Capítulos 4, 5 e 6 — alimentação sadia, exercícios, risada, pensamentos positivos, relaxamento, meditação e ioga — elevam naturalmente seus níveis de serotonina.

CAUSAS RELACIONADAS COM NOSSA PSICOLOGIA E CRIAÇÃO

Uma criança com um sistema precário de serotonina/dopamina/endorfina, nascida numa família que lhe dá boa alimentação, amor, carinho e apoio, pode sair-se bem. Infelizmente, as crianças que mais precisam das substâncias químicas naturais que fazem com que nos sintamos bem podem ser privadas delas em virtude dos efeitos de pais abusivos ou outros traumas. Pesquisas e mais pesquisas têm mostrado, por exemplo, que grande porcentagem dos viciados teve uma infância de maus-tratos. Isso pode variar de mensagens que as humilham até maus-tratos físicos e abuso sexual. E temos as crianças a quem não foram ensinados "limites" para se proteger. O palco está pronto para o vício em potencial e/ou a doença psiquiátrica se manifestar.

Todo alcoólatra que conheço fala da "alegria" e da mudança de humor que se seguiam ao primeiro drinque. Os viciados em jogo experimentam uma mudança de humor quando apostam, os gastadores quando estão fazendo compras, os viciados em comida quando estão cometendo algum exagero ou passando fome. Foram identificados três tipos de "alegria" despertada pelo vício: excitação e saciedade são as mais comuns, seguidas pela fantasia, que faz parte de todos os vícios. Uma determinada substância ou comportamento ativa a trilha do prazer relacionada com cada vício. A experiência de alteração do humor é inesquecível. E o viciado quer mais.

A alegria da excitação pode ser provocada pelas anfetaminas, pela cocaína, por Ecstasy, pelos primeiros goles de uma bebida alcoólica e por comportamentos como jogar, fazer sexo, gastar e roubar. Os viciados sentem que podem chegar à felicidade, à segurança e à plenitude.

44 *Vícios*

A alegria da saciedade pode ser provocada pelo álcool, pela heroína, pela maconha, pelas benzodiazepinas e pelo excesso de comida. O viciado sente-se farto e completo, sem sentir dor ou sofrimento. Infelizmente, essas sensações são apenas temporárias.

Intelectualmente, os viciados sabem que sua droga ou seu comportamento não tem condições de realizá-los. Mas o vício se baseia na lógica emocional, não na lógica intelectual. A droga ou comportamento "resolve" o problema imediato — sentir alegria ou ficar insensível à dor/pesar/medo —, e os viciados, não tendo recebido dos pais a capacidade de resolver problemas, não conhecem outra forma de resolver o seu.

A situação é complexa porque os viciados, em vez de aumentar seus vínculos sociais naturalmente, através da resolução de problemas à medida que amadurecem, descobrem que estão ficando cada vez mais isolados.

Acredito que todo vício está enraizado em um sofrimento ou trauma infantil mal resolvido. Um dos pais ou avós morre e dizem à criança que não deve chorar para "dar um bom exemplo" a seus irmãos, ou que ele será "o homem da casa" se não chorar. "Gente grande não chora" é uma frase encontrada com freqüência nas mensagens infantis dos viciados.

A pesquisa sobre transtornos provocados por estresse pós-traumático mostra que um evento catastrófico em sua vida, sobre o qual você não tem controle, é suficiente para mudar sua química cerebral para sempre. As crianças podem ser molestadas sexualmente e depois os pais não acreditarem nelas e lhes dizerem que parem de mentir; podem ser molestadas pelos pais e serem chantageadas para manter silêncio. Podem apanhar e lhes dizerem para não chorar, pois o castigo é merecido.

Os traumas de infância podem ser resultado de pais alcoólatras que, no melhor dos casos, não conseguem mostrar

"*Causas*" 45

amor pelos filhos e, no pior, batem ou maltratam. Podem ser conseqüência de as crianças se culparem pelos atos de rejeição dos pais, de estarem constantemente "pisando em ovos" e da oscilação emocional causada pela imprevisibilidade dos pais e da chantagem emocional que pais viciados podem fazer.

O sofrimento das crianças pode se originar de todos os tipos de perda: de uma infância estável; da inocência; de um ente querido (por morte, separação ou divórcio); de *status* financeiro/acadêmico; de irmão; sonhos; amigos; casa da família; animais de estimação; brinquedos; de acreditarem nelas; da auto-estima; da própria infância — a perda da sensação de ser amado, de emoções prazerosas, de uma identidade e de um eu.

Bem atrás da infelicidade não expressada vem a vergonha: "Sou mau por me sentir infeliz"; "Não sou bom o suficiente para me permitirem ser infeliz". "A infelicidade é uma coisa vergonhosa." Logo a dor é lembrada apenas inconscientemente, mas a vergonha cresce na consciência. E é um sentimento terrível de suportar.

Algumas pessoas cometem suicídio antes de estarem plenamente adultas. Outras têm um colapso. Outras voltam-se para o vício.

Começa então um ciclo que se autoperpetua. O vício é usado para alterar as emoções vergonhosas. Entretanto, o fato de ser viciado e o comportamento no vício provocam mais vergonha. O viciado procura refugiar-se do sofrimento do vício mergulhando mais profundamente no processo. E, se acontecer qualquer perda na vida adulta — desemprego, perda de uma promoção, perda de um cônjuge —, ela será reprimida da mesma forma, e vai aumentá-la e acelerá-la.

Em breve, tudo de que o viciado precisa é pensar em seu vício para seu humor mudar. Começa a minimizar os efeitos do comportamento viciado — "Não é tão ruim assim" — ou se esquece de tudo após o primeiro gole para acabar com

46 Vícios

a ressaca de ontem. Distancia-se de qualquer um que se interponha entre ele e seu vício. Seu comportamento piora. Organiza sua vida e suas relações afetivas em torno do vício.

Começa a mentir sobre seu vício, por mais honesto que seja em outras áreas de sua vida. O viciado em comida começa a esconder comida; o alcoólatra, a tomar uns drinques sem ninguém perceber; o viciado em jogo abre uma conta secreta no banco; o viciado em sexo procura prostitutas ou é infiel.

Em vez da disciplina de uma vida "normal", temos os rituais ou hábitos do vício — sabendo que uma mudança de humor virá se agirem de determinada maneira. Os hábitos são usados no lugar da disciplina. A reunião diária dos "companheiros de copo" é um hábito. As providências que a bulímica toma para eliminar tudo o que comeu se tornam um hábito. A pornografia de um viciado em sexo é um hábito. Eles precisam ser substituídos durante a recuperação por hábitos mais saudáveis.

Essa é uma fase terrível para as pessoas próximas ao viciado. Podem amar a verdadeira pessoa que o viciado é, mas detestam a personalidade e seu comportamento de viciado, as palavras que saem de sua boca. Você passa por enormes oscilações de humor à medida que o viciado se metamorfoseia rapidamente, de uma coisa para outra. Suas esperanças renascem, para serem destruídas mais violentamente ainda. Você teme a imprevisibilidade do comportamento viciado. Perde a confiança. Lamenta e sente vergonha. Você também precisa de ajuda.

Consciente ou inconscientemente, o viciado percebe sua vergonha e mostra as características próprias do vício com uma freqüência maior ainda e de formas mais perigosas. A essa altura, sua tolerância ao vício também está aumentando e ele precisa de mais para conseguir o mesmo efeito. Algo tem de se quebrar.

"Causas"   47

Um dia, de repente, o vício não produz mais os efeitos desejados. Até o/a alcoólatra consegue ver-se bebendo como se estivesse do lado de fora, mas não consegue mais embriagar-se. Ou então, certo dia, a ruína financeira pode estar à sua frente — e dessa vez você vai ter de encará-la. A pessoa que você mais ama no mundo ameaça abandoná-lo, ou já foi embora. Você está no hospital pesando apenas metade do que deveria. Está no hospital com uma doença venérea/cirrose/ferimentos provocados por um acidente de carro ocorrido quando estava dirigindo sob a influência dos drinques ou das drogas, ou correndo para chegar ao lugar do seu vício. Você está prestes a ser demitido do emprego. A assistente social ameaça tirar-lhe a guarda dos filhos.

A crise de cada pessoa é diferente — e parecida no sentido de ser o fundo de um poço emocional. Nessa fase, os viciados tentam fazer alguma coisa a respeito de seu vício. Infelizmente, as providências em geral costumam ser a redução, na crença equivocada de que o vício pode ser controlado, ou a mudança para outro vício, na crença igualmente equivocada de que só podem ser viciados em uma única coisa.

Só depois de usar toda sua força de vontade e toda sua inteligência para manter distância do vício e de ter fracassado miseravelmente é que o viciado se volta para outra fonte em busca de ajuda. É aqui que entram as organizações de auto-ajuda, os profissionais e este livro.

CAUSAS SOCIAIS

Vivemos numa sociedade que vicia. Somos incentivados a "afogar as mágoas" ou " fazer um brinde ao sucesso". São estimulados casos amorosos intensos de agonia e êxtase. Existe muita pobreza e um fosso entre os que têm e os que não têm. E em nenhuma outra época da história houve à

48 *Vícios*

disposição das pessoas tantas substâncias que alteram o humor e a consciência.

Tanto quanto sei, a pesquisa sobre a relação entre disponibilidade e vício só foi feita em relação ao álcool. Mas, até agora, o álcool tem sido um bom exemplo para os outros vícios. Quase todos os índices de problemas vinculados ao álcool estão relacionados com o consumo anual *per capita* que, por sua vez, está relacionado com a facilidade de acesso ao álcool. Isso levou ao indício de que esses problemas são mais uma questão social e política do que médica. Por exemplo: o fato de os problemas vinculados ao álcool estarem relacionados com o consumo anual *per capita* significa que, quanto mais as pessoas beberem em geral, tanto mais alcoólatras surgirão. As pesquisas mostram o consumo de drogas ligado à pobreza, principalmente no centro deteriorado das grandes cidades. Em ambos os casos, existe um contexto social e cultural.

O que precisamos antes de tudo é de informações acuradas sobre o vício e a recuperação, bem como da infra-estrutura necessária para isso. Informações como as deste livro devem ser dadas a todas as crianças em idade escolar — e, na verdade, a suas famílias. A idéia é tão abrangente que assusta até governos. Começa, no entanto, apenas com um pequeno passo: o passo de um viciado rumo à recuperação.

CAPÍTULO 4

Estratégias de auto-ajuda para uma vida mais feliz I: táticas de emergência

A coisa mais importante a lembrar quando uma pessoa está tentando se livrar de um vício é que não se trata simplesmente de dizer "não". Abandonar um vício deixa um grande vácuo. E a natureza tem horror ao vácuo. É por isso que é tão fácil passar de um vício para outro — a menos que você conheça uma maneira de preencher o vácuo com atitudes saudáveis que o levarão tanto a superar o problema a curto prazo quanto a estabelecer um alicerce bem sólido para o futuro.

O comportamento viciado requer muito tempo. Por exemplo: se você for viciado em jogo, além do tempo realmente gasto jogando, já despendeu tempo viajando para assistir a corridas, ir à casa lotérica, ao cassino, às galerias de jogos e participar de atividades sociais que envolvem jogos e apostas. Já gastou muito tempo tentando conseguir dinheiro para jogar, para repor perdas, para evitar credores e dando desculpas a amigos, familiares e ao patrão (se ainda os tiver).

Se você for viciado em compras, pode passar dias a fio indo a lojas. Se for viciado em sexo, pode passar muito tempo lendo revistas pornográficas, convidando parceiros sexuais em potencial para jantar e preparando-se para o evento, vestindo-se com apuro a fim de se encontrar com eles em algum lugar, "circulando" em busca de parceiros potenciais e planejando sua atividade sexual. O tempo é gasto tanto em ações repetitivas como em sua preocupação mental.

50   *Vícios*

Se for alcoólatra, já gastou bastante tempo indo a diferentes depósitos de bebidas para não dar a impressão de estar visitando nenhum deles muito freqüentemente, já foi a eventos sociais onde pudesse beber, já passou noites inteiras no bar — e noites e dias tentando curar a ressaca. Pode até ter passado algum tempo na cadeia por causa disso.

Se for viciado em drogas, também já despendeu bastante tempo tentando curar a ressaca de suas drogas, além de ter feito consultas a diversos médicos na tentativa de conseguir várias receitas, indo a farmácias diferentes para cada receita e talvez roubando lojas, assaltando ou furtando para financiar seu vício. Vender esses artigos requer tempo. Encontrar alguém que venda drogas requer tempo.

Se for viciado em comida, também pode despender bastante tempo em situações sociais em que possa comer sem ser notado, ou roubando e escondendo comida para consumir em segredo, dando desculpas para os outros por sua ausência. Passa horas vomitando. Ou pode estar sempre entrando em lojas de produtos alimentares para ver o que têm ou virar escravo do fogão. Ou gastar muito tempo fazendo ginástica, que é parte de alguns vícios em comida.

Então, com o que seria bom você ocupar esse tempo todo? O melhor talvez seja dividir a auto-ajuda em duas partes: ajuda para emergências, detalhada neste capítulo, e estratégias de longo prazo, que serão descritas nos dois próximos capítulos. Familiarize-se primeiro com as táticas de emergência para que, se num momento qualquer você se sentir vencido pelo desespero, pela raiva, impotência, dor, tristeza ou por qualquer outra emoção — inclusive o tédio —, possa conseguir alívio imediato com essas táticas em vez de recorrer a seu vício.

TÁTICAS DE EMERGÊNCIA

Em todas as sugestões que se seguem, pedimos que você se concentre em uma ação, ao final da qual sua "necessi-

Estratégias de auto-ajuda... 51

dade" ou sentimentos avassaladores devem ter se reduzido ou até desaparecido. Lembre-se de que os sentimentos de necessidade não duram, embora você não pense assim no momento. Eles são passageiros. O truque é ocupar-se até eles sumirem.

1. Respire profunda e lentamente

Parece simples demais para ser verdade, mas pode dar resultados imediatos. Muita gente não respira com a profundidade necessária, mesmo sabendo que a respiração superficial aumenta os níveis dos hormônios de estresse no corpo, levando à constrição dos vasos sangüíneos e tensão no coração. Concentre a atenção em sua respiração até ela fluir livre e profundamente. Isso vai acalmá-lo um pouco. Sopre num saco de papel, se necessário, ou nas mãos em concha se não dispuser de um — a ciência provou que é calmante inspirar o ar expirado.

Os métodos que a seguir apresentamos para respiração relaxante estão em outro livro desta série, *Ansiedade, fobias e síndrome do pânico*, de Elaine Sheehan. Baseiam-se em técnicas de Beta Jencks.

Respiração prolongada

Mantenha os ombros imóveis e imagine que está inspirando através da ponta dos dedos da mão e que o ar está subindo pelos braços até os ombros; depois, expire imaginando que o ar está descendo pelo tronco até o abdômen, passando pelas pernas e saindo pelos artelhos. Repita.

Respiração através da pele

Imagine que está inspirando e expirando através da pele de qualquer parte do corpo. A cada inspiração, deixe a pele

52   *Vícios*

sentir-se refrescada e revigorada. A cada expiração, permita que a pele relaxe.

Respiração abdominal

Coloque as mãos sobre a área em volta de seu umbigo e concentre a atenção ali. Comece inspirando profundamente, expandindo o estômago o máximo possível, de modo a levantar levemente suas mãos. Em seguida expire, levando duas vezes mais tempo do que levou para inspirar, puxando para dentro os músculos de seu abdômen e notando que suas mãos se abaixam. Repita.

Agente imaginário

Enquanto respira, imagine que está inspirando um agente broncodilatador que relaxa e alarga as paredes das vias respiratórias de seus brônquios e pulmões, deixando o ar passar com facilidade. Enquanto expira, note o fechamento suave dessas vias aéreas. Repita.

Ondas ou marés

Deite-se de costas. Durante dois ou três ciclos respiratórios, imagine que sua respiração está fluindo com as ondas ou marés do oceano. Sinta o fluir passivo para dentro e para fora.

2. Espere cinco minutos antes de agir

3. Telefone para alguém de sua confiança

Isso pode ser mais difícil do que parece, pois seus "amigos" podem ser pessoas que bebem/tomam drogas/jogam/cometem excessos alimentares/são viciados em algum tipo de comportamento e sua família talvez não saiba o que fazer. Mas é surpreendente o número de pessoas que você

Estratégias de auto-ajuda... 53

pode ter considerado simples conhecidos que acabam se revelando ouro puro. Telefone para alguém que você admira por ter uma vida digna, telefone para pessoas que estejam se recuperando de um vício, qualquer que seja, telefone para o grupo dos Doze Passos ou de auto-ajuda para seu vício, telefone para seu terapeuta, se tiver, telefone para o CVV (Centro de Valorização da Vida) — você não precisa ser suicida para conversar com eles. O milagre é que, quando você fala de seus sentimentos ou necessidade com outra pessoa, eles em geral desaparecem.

Lembre-se: a maioria das pessoas gosta de se sentir útil e você lhes dará o presente de se sentirem assim quando pedir sua ajuda.

Se a primeira pessoa para a qual você ligar não estiver, deixe um recado na secretária eletrônica e depois tente telefonar para mais dez pessoas. Mesmo se não encontrar ninguém, na hora que tiver terminado de ligar para todas elas, a necessidade já terá diminuído ou passado.

Faça anotações por escrito de seus sentimentos nas primeiras vezes que conversar com alguém. Você se sentiu melhor depois de cada conversa? Talvez você queira riscar algumas pessoas de sua lista. Procure notar se sentiu gratidão pelo fato de alguém se importar com você: não é preciso conversar com pessoas que o deixam se sentindo inferior. Faça uma lista das pessoas que o deixam se sentindo melhor.

4. Marque um encontro com alguém para conversar

Encontre-se com um amigo de confiança em casa ou em um lugar onde não tenha condições de exercer seu vício. Se não conseguir falar sobre seus sentimentos, fale sobre outra coisa. Se sua necessidade foi desencadeada por um problema específico, procure conversar honestamente a respeito disso. Peça para não deixarem você sozinho.

54   *Vícios*

5. Faça alguma coisa que deixe você bem

Distraia-se ouvindo música, tomando um banho de artista de cinema, arrumando a cozinha ou seu guarda-roupa, pintando uma parede, lendo um livro que absorva a sua atenção. Ou saia de casa e vá a um lugar seguro onde não tenha como recair no vício — fazer um passeio de carro pelo campo, ir ao cinema, visitar um museu. Quando tiver terminado, a necessidade já terá acabado.

6. Vá a uma reunião

Se houver uma reunião de um grupo dos Doze Passos ou outro grupo de auto-ajuda para seu vício em particular, vá lá. Alguns grupos tomarão providências para alguém ir buscá-lo em casa se for a sua primeira vez (ver o Capítulo 7).

7. Mantenha aberta sua fábrica de se sentir bem

Lembre-se de que uma recaída vai devastar a produção natural de substâncias químicas que seu corpo fabrica para fazer você se sentir bem (ver o Capítulo 3) e que ela vai ser substituída pelo processo orgânico que leva ao vício e à depressão. Seus sentimentos desagradáveis vão durar um tempo muito menor do que os que fazem parte do processo desencadeado por qualquer vício.

8. Lembre-se de suas experiências passadas

Lembre-se da maioria das coisas vergonhosas que lhe aconteceram enquanto estava exercendo seu vício. Lembre-se do quanto fez sofrer não só a si mesmo como aqueles que ama e respeita. Depois pense no quanto quer recuperar a confiança deles.

Estratégias de auto-ajuda... 55

9. Ponha no papel as piores coisas que podem acontecer

Faça uma lista de todas as coisas ruins que acontecerão se você ceder. Afinal de contas, por que desta vez seria melhor do que no passado?

10. Medite

Concentre a atenção em uma imagem agradável. Compre fitas de relaxamento ou de "meditação orientada" para facilitar o processo. Compre e leia um livro de "meditação diária" que tenha um pensamento edificante para cada dia do ano. Ir a uma livraria procurar esses artigos já pode ser um tipo de meditação!

A saúde beneficia-se com a meditação, inclusive baixando a pressão sangüínea — fato confirmado por mais de quinhentos estudos científicos. Visualize o quanto você gostaria de mudar de vida.

11. Ria

O dr. Robert Holden, que já teve uma clínica de riso na Inglaterra, aconselha a se sentar de pernas cruzadas na frente de um espelho todas as manhãs e rir por dois minutos, sem nenhum motivo!

12. Leia livros sobre recuperação

Consiga literatura sobre a recuperação de seu vício, se ainda não fez isso, e leia. Ouça uma fita ou assista a um vídeo sobre recuperação. Se houver falta de material sobre recuperação onde você mora, lance mão de técnicas para aumentar a auto-estima, de visualização, de relaxamento e coisas do gênero.

56 *Vícios*

13. Escreva uma lista de agradecimentos

Pode parecer piegas, mas pode ser um remédio de efeito muito rápido. Basta fazer uma lista de tudo pelo que você sente gratidão neste momento, por menor que seja.

14. Escreva uma lista de coisas/pessoas/situações que deixam você espumando de raiva

Se estiver com muita raiva, escreva uma lista de tudo o que provoca sua raiva. Não pense. Só escreva o mais rápido possível tudo o que o deixa com raiva, de carpetes sujos à maior tragédia. Garanto que isso não vai deixá-lo com mais raiva ainda — na verdade, sua raiva vai se transformar.

15. Coma

Faça um lanche leve, de preferência com pouco açúcar. Beba sucos de frutas naturais e água mineral.

Se seu vício estiver relacionado com comida, evite os chamados "alimentos desencadeadores". Eles geralmente lembram coisas da infância e costumam ser à base de açúcar refinado ou laticínios como creme de leite e queijo; podem desencadear um excesso alimentar que vai incluir praticamente tudo. Evitar os alimentos desencadeadores pode ser reforçado com uma dieta balanceada de três refeições por dia.

16. Mime-se — você merece

Pegue o dinheiro que está pensando em gastar com seu vício (a menos que seja um gastador compulsivo) e empregue-o em alguma coisa que lhe dê prazer instantâneo, ou guarde-o num cofrinho para um mimo futuro.

Estratégias de auto-ajuda... 57

17. Pare

Não fique com fome, com raiva, sozinho ou cansado. Você só vai ficar mais vulnerável.

DESINTOXICAÇÃO

Se você ou alguém próximo está usando substâncias químicas em excesso, uma abstenção supervisionada ou "desintoxicação" — durante a qual seu corpo se livra das substâncias tóxicas — pode ser necessária. Não é um tratamento. Não vai mantê-lo limpo, nem sóbrio. Mas vai eliminar os venenos de seu corpo para você poder entrar na estrada que leva à recuperação.

É importante checar com um médico antes de abster-se de sua droga, pois a abstenção pode ser perigosa — depende da quantidade e do tempo em que você a está usando. Uma desintoxicação pode ser feita em casa com supervisão de um médico ou enfermeira que o visite, ou então num hospital ou centro de tratamento.

Os sintomas de abstenção podem variar do desconforto leve a doloroso, a ataques e até morte quando não há acompanhamento médico. Às vezes é necessário tomar medicação.

Algumas drogas, como o álcool, são eliminadas do organismo em poucos dias. A maconha pode levar semanas. Depois de parar de tomar Valium, podem ser precisos anos para sintomas como ataques de pânico desaparecerem.

Como você sabe que está precisando de uma desintoxicação? Aqui estão alguns indícios:

- alucinações
- dificuldade em respirar
- desmaios

- perda de consciência
- dor súbita no peito ou abdômen
- comportamento violento ou risco de comportamento violento
- *Delirium tremens* (convulsão, tremor e alucinações em decorrência do uso de álcool)
- temperatura acima de 39°C
- mais de 120 batimentos cardíacos por minuto
- vômitos/vômitos de sangue

CAPÍTULO 5

Estratégias de auto-ajuda para uma vida mais feliz II: uma base sólida para projetos de longo prazo

Você consegue se recuperar sem auto-estima. Você não consegue se recuperar sem limites.

PIA MELLODY
Pioneira da codependência, escritora e conferencista

A estratégia mais importante para a saúde emocional a longo prazo — para qualquer pessoa, não apenas para os viciados — é aprender e praticar a utilização de "limites". Depois que seus limites estiverem funcionando, será mais fácil usar todas as outras estratégias e suportar pressões de pessoas que tentam fazê-lo voltar para um modo de vida viciado. Também levam a relações afetivas muito mais gratificantes e plenas com os outros.

Os limites existem para nos proteger do sofrimento — seja emocional, físico ou sexual. Quando sabemos quais são, também nos impedem de machucar as outras pessoas acidentalmente, porque elas podem se sentir seguras e à vontade em nossa companhia. Ganhamos auto-estima sabendo disso.

Mas o que é um limite? Pense nas fronteiras de um país. Elas impedem as pessoas de entrarem e saírem a seu bel-prazer — existe controle de passaporte pelo qual as pessoas passam depois que suas credenciais são verificadas. Esse sistema existe para proteger o país e seus habitantes.

60   *Vícios*

Se não houvesse fronteiras em torno do país, ele poderia ser invadido por exércitos inimigos. Se só houvesse muros em torno do país, como o antigo Muro de Berlim separando a Alemanha Oriental da Ocidental, ninguém poderia entrar — ninguém poderia sair, tampouco. A fortaleza transformar-se-ia em prisão.

A maioria dos viciados é assim: não tem muros e, por isso, não tem proteção contra pessoas ou substâncias perniciosas, ou então cerca-se de muros através dos quais ninguém consegue se comunicar com eles e através dos quais não consegue entrar em contato com ninguém. Não chega sequer a pensar na idéia de uma zona de verificação.

A história abaixo é de alguém que construiu muros em torno de si. Ele estava isolado, sem contato com ninguém que pudesse ajudá-lo — e estava sem contato nenhum com aqueles que amava e por quem desejava ser amado.

Eu gostava de parecer auto-suficiente, como se não precisasse de ninguém. Quando criança, ensinaram-me que isso dava a impressão de que eu era bem-sucedido. Fiz isso muito bem.

Meu muro de auto-suficiência significava que ninguém poderia perceber que eu precisava de ajuda. Eu não tinha muros me separando de minha companheira de longa data, que me agredia freqüentemente, às vezes com uma faca, e me deixava arrasado quase sempre. Eu bebia para não sentir isso e depois fiquei tão dependente da bebida para me entorpecer que tive todos os problemas associados a alguém que bebe todos os dias, inclusive a possibilidade de perder meu emprego e, com ele, minha hipoteca e minha casa. Mas eu não podia falar com ninguém. Por mais ridículo que pareça agora, eu tinha mais medo do que poderiam dizer do que da realidade infernal de minha situação.

Quando por fim quebrei o muro que havia entre a minha pessoa e as outras e pedi ajuda, foi um alívio indescritível! E todos me trataram com uma bondade muito maior do que jamais esperei. Pela primeira vez em sete anos, minha situação mudou.

SEAN

Minha própria história, que conto a seguir, é típica de alguém sem muros. Quase tudo o que qualquer um dizia me magoava e me lançava cada vez mais profundamente em meu vício, a fim de escapar da mágoa, com a qual eu não sabia lidar de outro jeito.

Antes da recuperação, quando alguém me criticava, eu quase sempre lhe dava razão. Mesmo quando o que me diziam não era verdade, eu achava que devia estar errada. Nas raras ocasiões em que sabia que os outros estavam errados, eu me justificava desesperadamente diante de meus "críticos". Sempre tentei mudar para agradá-los, para que eles me dissessem coisas agradáveis de ouvir. No fim, a maioria das pessoas me dizia realmente coisas agradáveis (exceto sobre meu vício!), mas minha vida era quase sempre trabalho constante, antecipação e preocupação.

Pior ainda — à medida que comecei a me recuperar, as pessoas me diziam que eu estava ficando irritada e reagindo a comentários que não pretendiam ser críticas. Para mim, eram. Eu tinha de aprender a saber qual era a diferença.

Mas o essencial era saber se o que os outros pensam tem realmente alguma importância. Essa foi uma idéia que me abalou profundamente. Eu nunca tinha me feito essa pergunta. Será que o que eles dizem têm importância? Essa questão de limite me levou a uma grande reviravolta.

No estágio em que quase tudo o que me diziam me magoava, eu atacava ou me defendia sem pensar. Minha língua era mais rápida que meus pensamentos. Agora aprendi — lentamente — a ficar quieta, a perguntar a mim mesma se o comentário é válido (posso responder a isso muito melhor agora) e se tem importância; depois resolvo o que quero dizer — ou não dizer. Raramente fico magoada. Tenho menos brigas e discussões. No geral, ganhei um bocado de auto-estima. Esses "limites" são provavelmente os mais importantes que já aprendi.

DEIRDRE

Quando se devem usar os limites? Quando você precisa proteger seus direitos de ser humano e quando se sente

62   *Vícios*

empurrado ou puxado de volta para seu vício. Ninguém nunca disse à maioria dos viciados quais são seus direitos, de modo que alguns deles são listados a seguir, tirados do livro *Boundaries and Relationships: Knowing, Protecting and Enjoying the Self* (Limites e relacionamentos: conhecendo, protegendo e desfrutando o eu) do dr. Charles Whitfield.

MEUS DIREITOS COMO SER HUMANO

1. Tenho o direito de lamentar tudo o que não tive e de que precisei e tudo o que tive e não queria ou de que não precisava.
2. Tenho o direito de seguir meus próprios valores e padrões.
3. Tenho o direito de dizer não a qualquer coisa quando sinto que não estou preparado, que não oferece segurança ou que é contrária a meus valores.
4. Tenho o direito à dignidade e ao respeito.
5. Tenho o direito de tomar decisões baseadas em meus sentimentos, meu julgamento ou em qualquer razão que escolha.
6. Tenho o direito de estabelecer minhas prioridades e colocá-las em prática.
7. Tenho o direito ao respeito a minhas necessidades e desejos.
8. Tenho o direito de encerrar a conversa com pessoas pelas quais me sinto rebaixado e humilhado.
9. Tenho o direito de não ser responsável pelos comportamentos, ações, sentimentos ou problemas dos outros.
10. Tenho o direito de cometer erros e não ter de ser perfeito.
11. Tenho o direito de esperar honestidade dos outros.
12. Tenho o direito a todos os meus sentimentos.

Estratégias de auto-ajuda... 63

13. Tenho o direito de ficar com raiva de alguém que amo.
14. Tenho o direito de ser eu mesmo, sem sentir que sou inferior.
15. Tenho o direito de ficar assustado e de dizer "Estou com medo".
16. Tenho o direito de sentir medo, culpa e vergonha e depois deixar que esses sentimentos desapareçam.
17. Tenho o direito de mudar de opinião a qualquer momento.
18. Tenho o direito de ser feliz.
19. Tenho o direito a meu espaço e tempo pessoal.
20. Tenho o direito de ser relaxado, brincalhão e frívolo.
21. Tenho o direito de mudar e crescer.
22. Tenho o direito de melhorar minha capacidade de comunicação para poder ser compreendido.
23. Tenho o direito de fazer amigos e ficar à vontade com as pessoas.
24. Tenho o direito de estar em um ambiente que não seja ofensivo.
25. Tenho o direito de ser mais saudável do que as pessoas à minha volta.
26. Tenho o direito de cuidar de mim, aconteça o que acontecer.
27. Tenho o direito de lamentar perdas reais ou potenciais.
28. Tenho o direito de confiar nas pessoas que conquistaram minha confiança.
29. Tenho o direito de dar e receber amor incondicional.

COMO UTILIZAR SEUS LIMITES

Visualizo meus limites como se fossem um campo de força em volta da espaçonave Enterprise. Pode ser tão largo ou tão estreito quanto eu quiser e pode ser ligado e desligado

64   *Vícios*

à vontade, instantânea ou gradualmente; prefiro essa flexibilidade à idéia das fronteiras de um país. Esse campo de força pode desviar qualquer coisa perniciosa — uma tempestade de meteoros imprevista, armas inimigas ou pessoas maldosas —; apesar disso, posso receber a bordo qualquer coisa que quiser. Esse campo estabelece limites físicos, emocionais e até sexuais.

Quando não tenho certeza sobre alguém ou alguma coisa, posso recebê-los a bordo e pedir à tripulação para ficar de olho. É isso o que posso fazer com idéias, comentários, críticas — com qualquer coisa, na verdade, que entra na minha vida hoje em dia. Meu campo de força me protege tão bem que às vezes não percebo que ele está funcionando.

Limites físicos

Também fixo outros limites, limites físicos, em relação aos lugares para onde levo minha "espaçonave". Por exemplo: eu me apaixonava por homens alcoólatras e violentos que me fizeram sofrer tanto que não desejo repetir as experiências. Se não fixo a rota para um bar, então as probabilidades de conhecer outro alcoólatra desse tipo ficam menores. A porta do bar é um limite físico que eu não ultrapasso. Não tenho sequer de pensar em qualquer limite sexual ou emocional, pois manter o limite físico protege automaticamente essas duas outras áreas.

É claro que não passar pela porta de um bar/discoteca/doceria também é um limite físico para alguém que esteja tentando abandonar o álcool/drogas/jogo/excessos alimentares. Se não ultrapassarem esse limite físico, também não vão ter de enfrentar os argumentos persuasivos de seus companheiros de vício para se juntar a eles.

Mudar de espaço — e de companheiros — como sugerimos acima é uma forma excelente de usar os limites para ajudar a manter distância de seu vício.

Limites emocionais

A técnica do "disco quebrado" em geral é posta em prática quando seus antigos companheiros de folguedos tentarem persuadi-lo — e eles vão tentar, pode ter certeza — a uma recaída. Essa técnica se baseia no *direito* que todos temos de dizer "não" sem ter que dar uma desculpa. Se sentir que precisa dar uma desculpa, pense somente em uma e insista nela, repetindo-a, se necessário, como um disco quebrado. Isso o poupará de tentar encontrar respostas ou se justificar perante argumentos persuasivos e hostis. Torna muito mais fácil dizer "não" para se proteger.

Eu ficava morto de medo de voltar para casa para pegar algumas roupas quando estava na casa de alguns bons amigos tentando me livrar do vício. Minha vizinha tendia a aparecer quando bem queria (certa vez, entrou em meu quarto às 6 da manhã) e fazia cenas. Eu achava que não tinha condições de enfrentá-la, sobretudo porque só recentemente tinha reconhecido meu vício. Ela usava isso contra mim.

Levei um choque quando me disseram que a porta da rua era um limite! Que eu tinha o direito de não deixar entrar ninguém que eu não quisesse receber!

— Mas ela vai dizer isso, vai dizer aquilo! — queixei-me. — Ela poderá manipular qualquer desculpa que eu der.

Disseram-me para responder simplesmente: — Não posso recebê-la agora.

— O quê! — gritei. — Nunca vou conseguir fazer isso.

— Se precisar dar uma desculpa, diga "Não posso recebê-la agora, tenho um monte de coisas para fazer". Não diga mais nada. Só repita essa frase como se fosse um disco quebrado. "Não posso recebê-la agora, tenho um monte de coisas para fazer". E não se deixe tentar a explicar que coisas.

Passei metade do dia em casa e minha vizinha não apareceu. Mas passei o tempo todo murmurando para mim mesmo "Não posso recebê-la agora, tenho um monte de coisas para fazer". E fiquei

66   *Vícios*

relaxado e despreocupado. Sabia que tinha um instrumento para lidar com ela — e estava (quase) querendo que ela chegasse. Este acabou sendo um dia gratificante e me senti bem durante muito tempo depois.

BRIAN

Minha primeira noção de limites me foi dada por Sally Benjamin, terapeuta especialista em vícios, que agora trabalha no Sul da Inglaterra. Ela descreve um exemplo semelhante de como os sentimentos podem indicar a necessidade de limites.

Sua vizinha continua entrando na sua casa sem bater na porta. Você gosta dela, mas está começando a ficar irritada: gostaria que ela tocasse a campainha antes, porém tem medo de lhe dizer isso porque acha que pode ofendê-la. Depois ela não ia mais querer ser sua amiga; seja como for, provavelmente vai parar quando os decoradores tiverem terminado o trabalho em sua casa.

O que está acontecendo aqui? Em primeiro lugar, sua irritação (uma reação à sua consciência instintiva de que está sendo invadida) é posta de lado. Os sentimentos da vizinha, que você imagina conhecer, são considerados mais importantes do que os seus (aliás, essa é uma invasão das fronteiras da vizinha. Ela lhe deu permissão para resolver o que ela deve sentir?). As perspectivas do relacionamento são ruins, com base novamente no que você prevê que será a reação de sua vizinha. Você pode achar que ela é superficial, suscetível, insensível e egoísta sem checar com ela as bases de seu julgamento.

A única coisa que você previu com exatidão é o que vai acabar acontecendo se não fixar limites e pedir a ela para tocar a campainha antes de entrar. Sua irritação moderada com certeza vai aumentar, criando uma explosão que provavelmente acabará com a amizade. A vizinha não vai saber o que foi que ela fez e você vai ficar com raiva de si mesma e culpada por ter tido uma reação exagerada, com vergonha por sua covardia por não ter falado antes e culpa inconsciente

Estratégias de auto-ajuda... 67

pela invasão das suas fronteiras no início. Essa não é uma receita de auto-estima.

Depois você vai pedir desculpas, sem realmente saber por quê. Você mais uma vez deixou de estabelecer limites e está preparando o terreno para um repeteco.

Você também está preparando o terreno para uma recaída. São esses sentimentos que as pessoas que bebem/consomem drogas/comem demais/têm recaídas costumam ter — mas é possível evitá-los, se você estabelecer o limite. Passa a ser uma opção claríssima: limite ou recaída no vício?

DECLARAÇÃO DE LIMITES FÍSICOS
"Tenho o direito de controlar a distância de você e de não ser tocado com intenção sexual, e você tem o mesmo direito em relação a mim."

DECLARAÇÃO DE LIMITES SEXUAIS
"Tenho o direito de determinar com quem, quando, onde e como quero sexo."

DECLARAÇÃO DE LIMITES INTERIORES/ DECLARAÇÃO DE LIMITES EMOCIONAIS
"Eu crio o que penso e sinto e escolho fazer (ou não fazer) o que faço (ou não faço), e o mesmo acontece com você."

Pia Mellody
De sua fita de vídeo *Codependency*

A FIXAÇÃO DE LIMITES

Aqui estão alguns exemplos do uso dos limites:

- Essa acusação tem fundamento?

68 *Vícios*

- Se não tem, o que quero fazer?
- Se tem, é importante para mim?
- Não vou lhe dar o número de meu telefone.
- Vou/não vou permitir que ele/ela passe pela porta da rua/entre na sala/no meu quarto de dormir.
- Não vou atender telefonemas depois, digamos, das onze da noite — nem de amigos.
- Não vou permitir que meu colega receba os créditos pelo meu trabalho.
- Vou permitir um abraço, mas não um beijo.
- Vou ficar a um quilômetro de distância dele/dela!
- Não vou permitir que minha irmã me chame de gorda/burra/má.
- Não vou procurar um bar/traficante/corretor de apostas.
- Aceitar um convite para jantar não significa ir para a cama.
- Dançar com alguém não significa fazer sexo.
- Não vou beber/consumir drogas/cometer excessos alimentares/jogar ou ter qualquer outro comportamento viciado.
- Não vou sair com pessoas viciadas.
- Vou proteger meus direitos de ser humano.

Se você tiver de enfrentar uma situação difícil, talvez seja bom escrever antes o que quer dizer e até ensaiar com um amigo compreensivo que lhe dará uma opinião objetiva. Nos casos em que houver muito medo, talvez ajude ter um amigo a seu lado enquanto você dá o telefonema ou enfrenta a pessoa envolvida. Em geral, essas situações são o resultado de ter suportado transgressão de limites durante tempo demais. A raiva acumulada gera medo — do que vai sair da sua boca, da reação da outra pessoa. E não existe nenhuma emoção mais paralisante.

Estratégias de auto-ajuda... 69

Um exercício útil antes de você começar a dizer "não"

A seguir, um exercício útil, concebido por Sally Benjamin, para você fazer antes de começar a dizer "não". Tendo primeiro identificado que é necessário fixar um limite, responda às seguintes perguntas:

- Que tipo de limite é necessário? Físico, sexual, emocional?
- Por que quero esse limite?
- Será que esse limite pode ser pernicioso — para mim? Para os outros?
- Por que é útil — para mim? Para os outros?
- Como pode ser perdido?
- Quais seriam os resultados dessa perda — para mim? Para os outros?
- Como pode ser mantido?
- Quais seriam os resultados de mantê-lo — para mim? Para os outros?

Se todas essas perguntas forem conscienciosamente respondidas, vai ficar mais fácil saber se o limite no qual você está pensando é o correto e se servirá ao objetivo que tem em mente sem criar muito estrago. É possível estabelecer limites desnecessários ou errados pelo medo de fixar aquele de que precisamos.

Lembre-se de que os limites devem ser flexíveis. Às vezes é necessário fazer concessões, mas nunca a expensas de sua paz de espírito. E nunca a expensas de sua recuperação.

Lembre-se também de manter seus limites. Insistir num limite num dia e esquecê-lo no dia seguinte vai criar uma atmosfera de confusão e medo que causará problemas. Muitos viciados têm recordações de terem sido castigados na infância por quebrar "regras implícitas" — um dia está certo fazer uma determinada coisa, no dia seguinte não —

70 *Vícios*

e na verdade têm medo de, nas relações adultas, quebrarem as regras implícitas de seus parceiros. Não manter um limite tem o mesmo efeito de fazer as pessoas andarem pisando em ovos em torno de você, sentindo-se pouco à vontade por causa de suas reações imprevisíveis.

Pode ser tentador fixar limites em todas as áreas de sua vida de uma vez, principalmente quando você tem um sucesso inicial. Não faça isso. Em primeiro lugar, estabelecer limites é algo muito desagradável, às vezes doloroso. Afinal de contas, na maioria dos casos, você está mudando os padrões de uma vida inteira. As pessoas a quem você está impondo limites não vão ficar satisfeitas com você no começo (só no começo). Você vai lhes dizer que não podem fazer algo que estão acostumadas a fazer, talvez há anos. Não entre em pânico.

Elas não vão rejeitá-lo; no entanto, a menos que sejam pessoas excepcionais, não vão abrir um sorriso e lhe dizer como se sentem felizes agora que você fixou seus limites — principalmente quando você não vai apoiar mais seus vícios juntando-se a elas. Elas vão discutir e tentar manipular, mas, com o passar do tempo, se você persistir, elas vão capitular.

Os dez mandamentos para assumir um risco

Por fim, estabelecer limites é um risco. Quanto maior o risco, tanto maior a recompensa — mas, também, tanto maior o medo. Irene McMahon Cummings elaborou uma lista dos dez "mandamentos" para assumir um risco, e eles podem lhe dar força se puder lê-los antes de assumir o risco.

1. Deves saber que todo crescimento requer risco.
2. Terás acesso a todas as opções.
3. Estarás disposto a parecer bobo e sentir-te pouco à vontade.

Estratégias de auto-ajuda...   71

4. Buscarás apoio emocional.
5. Estarás disposto a pagar o preço.
6. Saberás que está certo mudar de opinião.
7. Saberás que ser rejeitado não é a pior coisa que pode acontecer na vida!
8. Estarás disposto a ficar sem respostas.
9. Saberás que, se não tentares, nunca saberás.
10. Reconhecerás, no mais fundo do teu ser, que a vida é preciosa e curta demais. Confia em ti mesmo... Ouve teu coração.

CAPÍTULO 6

Estratégias de auto-ajuda para uma vida mais feliz III: projetos a longo prazo

O que você tem de fazer para se recuperar completamente de qualquer doença (câncer, problemas cardíacos, alcoolismo, vícios) em geral não tem a menor graça, mas costuma ser necessário para a sobrevivência.

AL MOONEY, ARLENE E HOWARD EISENBERG

Na verdade, algumas das coisas que você pode fazer para se recuperar de um vício têm graça, sim. E até algumas das atitudes mais difíceis vão deixá-lo se sentindo melhor consigo mesmo depois. Outras podem deixar você com sentimentos contraditórios, desagradáveis ou dolorosos e levam um tempo para desaparecer — mas vão desaparecer. Trabalhar para se recuperar não é sangue e suor o tempo todo; pode ser muito prazeroso.

Um dos elementos mais importantes da recuperação é o apoio de seus pares, de grupos de auto-ajuda, em geral grupos dos Doze Passos. O Capítulo 7 apresenta uma explicação do que são esses grupos e de como funcionam.

Se quiser consolidar a ajuda e o apoio que está recebendo desses grupos — ou se não tiver acesso a nenhum —, existem muitos outros passos positivos que você pode dar para se ajudar a recuperar do vício. Os passos descritos neste capítulo são todos complementares entre si, de modo que você pode escolher e misturá-los como quiser: tente

74   *Vícios*

todos ou só alguns. Quanto mais fizer, tanto melhor vai se sentir.

Você vai aproveitar ainda mais essas técnicas se as acompanhar com algum tipo de *aconselhamento*. Como escolher alguém que o aconselhe e o que esperar são itens que fazem parte do Capítulo 8.

Um dia de cada vez — ou até um minuto ou uma hora de cada vez — é tudo em que você precisa pensar. Não faça projetos para o futuro, pense em sua recuperação um dia de cada vez. Se não puder fazer nada sobre uma determinada situação hoje, não se preocupe com ela hoje. Da mesma forma, se não puder fazer nada a respeito de um evento passado, não se preocupe. Há uma frase maravilhosa que diz: "Se você está com um pé no passado e um pé no futuro, está numa posição excelente para c___r no presente".

Não se esqueça de respirar direito, de meditar e de rir, como recomendamos no Capítulo 4. São todas ferramentas excelentes para ajudá-lo a "se manter no presente". Pratique esses três exercícios todos os dias, não só nas emergências. Existem muitos livros, fitas e cursos sobre respiração e meditação, em geral encontrados nas prateleiras de "saúde holística", "auto-ajuda" ou "psicologia" das livrarias. Todos eles vão ajudar a deixar as coisas mais fáceis em épocas difíceis.

Uma ajuda muito eficiente — e agradável — no início da recuperação é a *acupuntura*. Escolha seu acupunturista numa lista de profissionais registrados e procure saber se há algum especializado em recuperação de vícios. Esse pequeno número de especialistas está aumentando à medida que o poder da acupuntura na recuperação de viciados tem reconhecimento cada vez maior; alguns deles agora trabalham em clínicas e em hospitais.

Às vezes a acupuntura é feita em grupo, para que os recém-chegados nervosos possam ver que o tratamento não dói. Para vícios, as agulhas podem ser inseridas nas orelhas a fim de estimular o fígado e os rins. Em geral são retidas

Estratégias de auto-ajuda... 75

entre vinte e quarenta minutos e, por incrível que pareça, não doem.

Além de tratar dos danos físicos, pode-se inserir uma agulha no alto da cabeça para permitir que as endorfinas — e a serotonina — fluam. Esse aspecto particular da acupuntura pode produzir uma sensação de euforia ou leveza da primeira vez — uma sensação maravilhosa! Também ajuda quanto ao sentimento da necessidade do vício, dando alívio físico e emocional aos pacientes.

Como reduz ou elimina a necessidade de medicação durante a desintoxicação, costuma ser segura para mulheres grávidas.

Outro bom ponto de partida para sua recuperação é um *suplemento de vitamina B* receitado por seu médico ou adquirido em sua loja de produtos naturais. O complexo B é vital para reconstituir o sistema nervoso e é o antidepressivo natural de seu corpo, tendo sido retirado de seu organismo pelo álcool e outras drogas. Você não só vai se sentir melhor e ter menos "sentimento de necessidade", como ainda vai notar que todos aqueles machucados (resultantes do fato de as substâncias químicas que alteram o humor / a consciência acabarem com sua vitamina B) começam a desaparecer! Isso também ajuda você a se sentir bem consigo mesmo.

Não adie — faça tudo quanto tiver de fazer agora, seja pular da cama, telefonar para um amigo, ir a uma reunião ou sair para uma caminhada. Você só vai se sentir culpado se deixar as coisas para amanhã. *Planeje alguma coisa a ser feita a cada dia.*

Considere os hormônios — muitas mulheres não têm consciência do impacto dos sintomas pré-menstruais, menstruais ou menopáusicos — até começarem a se recuperar. As recém-chegadas à recuperação costumam ter oscilações voláteis de humor que podem piorar em certos períodos do mês, quando o mais insignificante dos sentimentos negativos pode ser ampliado. Você ou seu terapeuta podem estar pesquisando

76 *Vícios*

as razões psicológicas das mudanças de humor quando elas se devem realmente a um desequilíbrio hormonal.

Comece a escrever um diário que mostre a data da menstruação e marque a data de seus sentimentos negativos. Você provavelmente vai perceber uma ligação. Talvez note que ingere mais alimentos açucarados também dentro de um ciclo mensal. *Cápsulas de óleo de onagra* podem ajudar a regular seus hormônios e oscilações de humor, da mesma forma que uma dieta balanceada.

Se isso não ajudar e se suas oscilações de humor mostrarem realmente uma ligação com sintomas menstruais ou menopáusicos, peça a seu médico para solicitar um exame de níveis hormonais. Há riscos associados ao tratamento com hormônios, de modo que você precisa discuti-los com seu médico e pesar esses riscos contra o risco de uma recaída.

Não tente fazer correções logo — muitas pessoas, na primeira vez que param com seu vício, sentem um impulso de fazer promessas ou dar explicações inadequadas à família e talvez a colegas e amigos. Não faça isso! Se tiver uma recaída, terá levantado falsas esperanças e não vai ser fácil conseguir que confiem em você outra vez. Na verdade, a maioria das pessoas já deve ter prometido algo do gênero tantas vezes no passado que não há motivos para alguém acreditar nas promessas desta vez. A confiança requer tempo para ser conquistada. Quanto mais tempo ficar na remissão do vício, tanto mais as pessoas confiarão automaticamente em você — sem que precise persuadi-las de nada.

Muita gente que conheço ainda está fazendo correções, anos depois, nas chamadas "correções" que fizeram no ardor dos primeiros momentos de sua recuperação. Chocaram as pessoas próximas revelando-lhes emoções com que elas não tinham condições de lidar, falando sobre maus-tratos da infância a respeito dos quais elas não sabiam, revelando casos amorosos do passado e projetando vergonha por atos cometidos quando estavam em pleno vício. Tenha

Estratégias de auto-ajuda... 77

em mente que seu julgamento fica confuso nessa época. Mas seu senso de oportunidade e prudência podem ser excelentes se você esperar.

Não se preocupe com os sonhos nos quais exerce seu vício, principalmente se tiverem um final ruim. Nossos sonhos são uma forma de explorar as possibilidades que estivemos considerando, consciente ou inconscientemente. É muito mais seguro ter uma recaída num sonho e acordar por causa de suas conseqüências aterradoras do que tudo isso acontecer na vida real! Se tiver um sonho em que está exercendo seu vício e ele tiver um final ruim, é menos provável que você repita as ações na realidade.

As afirmações também são boas para você. Escreva três fatos positivos a seu respeito em um pedacinho de papel e cole-o no espelho em que se olha todas as manhãs. Leia-os em voz alta. Inclua a frase "Eu te amo" enquanto olha para sua imagem no espelho.

Se não conseguir se lembrar de três fatos positivos a seu respeito, pergunte a um amigo. Mesmo achando que o que está escrevendo ou dizendo é uma mentira, escreva ou diga. Seu inconsciente ouve *tudo* o que você lhe diz e, não tendo capacidade de julgar, aceita tudo como fato. Por fim, você vai acabar aceitando que essas afirmações a seu respeito são verdadeiras. Acrescente outras afirmações à sua lista à medida que for se lembrando delas.

Como você pode ter sido insultado ou humilhado em primeira, segunda e terceira pessoas, seria bom também dizer e escrever as afirmações em primeira, segunda e terceira pessoas. Por exemplo, alguém afirma que você é uma pessoa amável, você diz:

"Eu, [seu nome], sou uma pessoa de bem."
"Você, [seu nome], é uma pessoa de bem."
"Ele/ela, [seu nome], é uma pessoa de bem."

78   *Vícios*

As afirmações podem não surtir resultados instantâneos (ou podem, se os amigos com quem você conversar a respeito lhe fizerem uma surpresa agradável com suas afirmações), mas funcionam. Ajustam a imagem que você tem de si mesmo a um quadro mais acurado e positivo.

Agora está na hora de um pouco de trabalho duro. Ao fazer alguns dos exercícios que seguem, lembre-se de que seu vício não surgiu instantaneamente e, por conseguinte, você não vai melhorar instantaneamente. Seja um chefe bondoso consigo mesmo — você exigiria de alguém o que está exigindo agora de si mesmo? A cada semana você vai se sentir um pouco melhor do que na semana anterior. Não espere perfeição — espere progresso na direção certa. E lembre-se de que todos os seres humanos têm o *direito* de cometer erros.

Lembre-se também de que o progresso é mais lento para pessoas que consomem cocaína ou drogas com efeito prolongado como o Valium e as benzodiazepinas. Contudo, todos os que persistem em um programa de recuperação fazem progresso.

Para ver seu progresso de maneira mais positiva e para reduzir suas oscilações de humor, *faça um inventário diário*, anotando, antes de ir para a cama, os pontos positivos e negativos do dia. Se houver mais pontos negativos do que positivos, acrescente algumas das seguintes frases no lado positivo:

> "Minhas intenções eram boas."
> "Tentei."
> "Estava disposto."
> "Não bebi/consumi drogas/joguei/transei nem tive uma recaída.

Você vai descobrir que, de alguma forma, os pontos positivos sempre são mais numerosos que os negativos. E que

Estratégias de auto-ajuda... 79

sempre é possível corrigir alguns dos pontos negativos no dia seguinte. Essa lista, por mais simples que pareça, consegue equilibrar as emoções tão facilmente quanto equilibra os pontos positivos e negativos.

Por falar nos efeitos prolongados das drogas, *consulte um médico* para ver como anda sua saúde. A realidade pode se mostrar muito melhor do que o que você teme. E muitas doenças resultantes do vício são curáveis. Até o fígado consegue se recuperar. Você merece que seu corpo seja bem cuidado. Além disso, o vício é fugir da realidade, de modo que enfrentá-la dá ao vício uma desculpa a menos para voltar.

Se seu médico não entende nada de vícios, procure se informar sobre os médicos em sua região que entendam dessa questão e tenham simpatia pela recuperação de viciados.

Peça ajuda se precisar: aos membros de seu grupo de auto-ajuda, aos amigos de confiança, a seu terapeuta, a outros profissionais.

Não invente desculpas nem conte sua vida ao dizer "não" quando as pessoas o convidarem para beber / consumir drogas / jogar / cometer excessos alimentares ou qualquer outra recaída em seu vício. Diga simplesmente "Não estou bebendo / consumindo drogas / jogando / fazendo sexo [nome de seu comportamento viciado] *hoje.*" As pessoas são menos levadas a pedir explicações que talvez você ache constrangedoras se disser apenas "hoje" ou "esta noite" em vez de explicar que está abandonando seu vício permanentemente. Se alguém continuar a pressioná-lo, essa pessoa tem um problema.

Pratique a técnica do "disco quebrado" descrita no Capítulo 5 antes de ir a qualquer evento ou dar qualquer telefonema durante o qual acha que as pessoas podem encorajá-lo a uma recaída.

80   *Vícios*

Escreva uma carta de despedida a seu vício. Diga o quanto ele significou para você, mas explique como destruiu sua vida e por que você precisa acabar com ele para poder seguir em frente. Se escrever uma carta com sinceridade, garanto que ela vai ajudá-lo a aceitar a perda do vício.

Depois de escrever a carta, talvez queira lê-la em voz alta a um amigo de confiança ou a seu terapeuta para reforçar sua mensagem e permitir que os sentimentos venham à tona. Lembre-se de que os sentimentos que saem de seu corpo, por definição, não estão mais dentro de você para incomodá-lo.

Se tiver dúvidas a respeito de ter escrito ou não uma carta de adeus sincera, compare-a com as "soluções" no final deste capítulo.

EXAMINE AS MENSAGENS DA INFÂNCIA

Mude sua maneira de pensar. O mundo à sua volta não vai mudar, mas sua atitude em relação a ele pode se tornar menos medrosa, mais confiante e, em geral, mais feliz. O primeiro passo é examinar as mensagens de sua infância e "reprogramá-las" como se fossem um programa de computador obsoleto.

Para algumas pessoas, esse é um passo à frente que dão com a maior tranqüilidade. Para outras, envolve sofrimento, raiva ou mágoa. Elaborar as mensagens de minha infância talvez tenha sido o fator isolado mais importante na construção de minha auto-estima e é a força responsável pela mudança de cerca de 95% de meu comportamento anteriormente destrutivo. Mas realmente envolve risco, porque não há como prever que emoções vai sentir ao fazer esse exercício.

Anos atrás, pedi a algumas pessoas que trabalhassem os significados por trás de suas mensagens de infância. Algumas

Estratégias de auto-ajuda... 81

precisaram ter a seu redor pessoas positivas e de confiança, com quem pudessem falar de suas reações e terminar sentindo-se mais fortes e livres. No caso de uma ou duas, isso durou uma semana e a auto-estima delas caiu temporariamente nesse período. Minha própria reação foi sentir raiva, mas o exercício consolidou minha auto-estima por longo prazo.

Antes de começar o exercício, telefone para uma ou duas pessoas de confiança que sejam saudáveis. Se você se sentir mal em qualquer estágio, telefone de novo. Se necessário, marque uma consulta com um terapeuta.

Para começar, divida a página em duas colunas. Preencha a coluna da esquerda com todas as mensagens da infância que lhe ocorrerem, até cerca de duas dúzias. Não analise. Não pense. Só escreva as mensagens que lhe vierem à memória. Dê a si mesmo dez minutos para fazer este exercício e então pare (você sempre pode acrescentar mais depois). Marque as seis que lhe despertam sentimentos mais fortes — não importa que sentimentos são esses, só o fato de serem fortes. Não leia mais até terminar.

Muito bem! É preciso coragem e honestidade para pôr no papel as mensagens de sua infância. Também é outro passo para consolidar sua recuperação, mostrando que você se valoriza o suficiente para fazer este exercício.

A coluna da esquerda contém mensagens da infância escritas por "Liz" quando ela estava há dois anos no processo de recuperação. Minhas interpretações estão na coluna da direita. Depois Liz deu o passo mais importante: substituiu as mensagens originais por outras positivas, que é o que você deve colocar na coluna da direita de sua página.

82 Vícios

As mensagens de Liz	Interpretação
Seja boa Não responda Não discuta comigo Você nunca segue um conselho	Faça o que estou mandando, sem questionar
Espere até seu pai chegar Tudo o que você faz é chorar Quando eu tinha a sua idade, tinha de... Nunca tive as regalias que você tem	Se não fizer o que mando, as ameaças vão piorar... E vou humilhar você... ou chantageá-la emocionalmente
Você não é como... Por que você não pode ser um pouco mais como... Você não pode ter isso	Você não é boa o bastante
Nós não somos como eles Nós não podemos nos igualar a eles	... porque não somos bons o bastante
Você não vai sair desse jeito!	Você não está com boa aparência
Não fale sobre...	Não verifique os fatos nem alivie o sofrimento desabafando com outras pessoas
Olha o que você está fazendo conosco	Tudo isso é culpa sua, não nossa Você não presta Você é ingrata

A razão para marcar as seis mensagens mais fortes é que de modo geral elas se combinam para formar uma única mensagem particularmente forte. Talvez seja a mensagem que mais influencie a opinião negativa que você tem a seu

Estratégias de auto-ajuda... 83

respeito. Depois pergunte-se: "Eles tinham razão?" A resposta é um retumbante "Não!"

Antes de comparar suas mensagens com as de Liz e começar a substituí-las por mensagens positivas e *acuradas*, dê uma olhada nestas regras e mensagens da infância compiladas pelo dr. Charles Whitfield em seu best seller *Healing the Child Within* (Curando a criança dentro de nós). Ao reconhecer algumas delas, você vai ver que não está só no mundo e pode começar a desmantelá-las. Você não merece essas mensagens.

Regras e mensagens negativas ouvidas com freqüência em famílias problemáticas

Regras negativas

Não expresse sentimentos

Não fique irritado

Faça o que eu digo, não o que eu faço

Vá bem na escola

Não traia a família

Sua opinião não interessa!

Não responda

Não discuta questões familiares com estranhos; a família é sagrada

Não pense nem converse; basta seguir as ordens

Mantenha sempre o *status quo*

Não fique com raiva

Não chore

Seja bonzinho, "legal", perfeito

Não faça perguntas

Sempre dê a impressão de estar bem

Controle-se sempre

Não me contradiga

Evite conflitos (ou evite enfrentar conflitos)

Estou sempre certo e você está sempre errado

Beber (ou outro comportamento duvidoso) não é a causa de nossos problemas

84   *Vícios*

Preste atenção no quanto
    bebe um alcoólatra (ou no
    comportamento de
    pessoas problemáticas)
    em vez de prestar atenção
    no meu/seu problema

Mensagens negativas

Você não se envergonha?
Gostaria de nunca ter tido
    você
Seja dependente
Menino não chora
Comporte-se como uma boa
    menina (como uma dama)
Você é muito burro
    (mau etc.)
Foi você que provocou
É claro que amamos você!
Estou me sacrificando por você
Não vamos mais gostar de
    você se...
Você nunca consegue
    realizar nada
Não doeu de verdade
Prometo [embora quebre a
    promessa]...
Você é tão burro
Seu [um xingamento]!

Você não presta
Veja se cresce logo
Seja homem
Você não sente isso
Não seja assim
Não acho que suas
    necessidades sejam muito
    saudáveis
Você nos deve isso
Como é que você pode fazer
    isso comigo?
Você é tão egoísta
Você está me deixando louco!
Isso vai ser a morte para
    mim
Isso não é verdade
Você me dá nojo!
Queríamos um
    menino/uma menina

Reconhece alguma? Essas mensagens são tão erradas agora quanto eram na sua infância e igualmente erradas para outras crianças. Note que elas são compostas de "regras" que proíbem a expressão saudável e regeneradora dos senti-

Estratégias de auto-ajuda... 85

mentos, de modo que ficamos sabendo que somos maus e que não devemos falar a respeito de nada que nos acontece.

Talvez seja bom saber que os pais *transmitem o que eles próprios viveram*. Transmitem as mensagens que lhes foram dadas por seus avós, que as receberam de seus bisavós, e assim sucessivamente. Muitos pais ainda convivem com a mágoa de suas próprias mensagens e não têm noção de seu efeito pernicioso. Você está quebrando uma longa cadeia de gerações e começando sua própria dinastia!

Reprogramação

Seguem alguns exemplos de "reprogramação":

Mensagem antiga	*Mensagem nova*
Os outros em primeiro lugar	Todos são iguais — inclusive eu
A família limita	Tenho os mesmos direitos que qualquer outro ser humano
Elogio em boca própria é vitupério	A verdadeira humildade é aceitar-me como sou, bom e ruim
Você não presta	Sou perfeito sendo quem sou Sou inteiramente eu mesmo
Não consigo fazer isso perfeito	Posso fazer um trabalho excelente
Você é mau pois comete erros	Tenho o direito de cometer erros!
Você é burro, pois comete erros Você devia saber	Quem me ensinou?

86 Vícios

Os vícios de muitas pessoas se intensificam à medida que elas se distanciam de um deus/ser divino/força superior. *Readquirir esperança por se reconectar a um poder superior e curativo* ajuda enormemente no processo de recuperação. No entanto, a perda de esperança em geral não começa no processo do comportamento viciado, e sim nas mensagens da infância:

> *"Não faça isso; Deus vai te castigar." Essa mensagem, recebida de muitas pessoas, distorceu minha relação com Deus. Ele era alguém a temer e evitar a todo custo. Em vez de procurá-lo em busca de apoio e de orientação, tentei me distanciar para que Deus não visse meus erros e imperfeições. Isso alimentou meu perfeccionismo: por mais que tentasse, nunca era o suficiente — eu era indigno. Quando me tornei adulto, transformei essa mensagem de muitas maneiras: "Sou uma pessoa que está crescendo e se desenvolvendo — está certo cometer erros durante minha jornada" e "Deus me ama incondicionalmente, pois sou Seu filho".*

JERRY MOE
Diretor do Sierra Tucson Children's Programme. Vice-presidente da National Association for Children of Alcoholics

MUDANDO TODA E QUALQUER FORMA DISTORCIDA DE PENSAR

Consolide seu trabalho com as mensagens da infância observando sua maneira de pensar atual. À medida que suas interpretações dos eventos à sua volta mudam, mudam também seu humor e sua atitude.

Uma avaliação de suas idéias distorcidas requer vários dias, enquanto você observa seus pensamentos em diversas situações de tensão. O *hábito* de combater as distorções vai levar de duas semanas a vários meses para se automatizar.

Quinze formas distorcidas de pensar

A seguir, uma lista de tipos de idéias distorcidas compiladas por Mathew McKay, Martha Davis e Patrick Fanning em seu livro *Thoughts & Feelings: The Art of Cognitive Stress Intervention* (Pensamentos e sentimentos: a arte da intervenção no estresse cognitivo).

Filtragem

Você pega os detalhes negativos e os amplia, ao mesmo tempo em que filtra e exclui todos os aspectos positivos de uma situação.

Pensamento polarizado

As coisas são pretas ou brancas, boas ou ruins; você tem de ser perfeito, ou um fracassado; não existe meio-termo.

Generalização indevida

Você chega a uma conclusão geral baseado em um incidente ou em uma única prova; se algo de ruim aconteceu uma vez, você espera que aconteça de novo.

Leitura de pensamento

Sem que ninguém diga nada, você sabe o que as pessoas estão sentindo e por que agem dessa forma; consegue adivinhar o que elas estão sentindo por você.

Fazendo de tudo uma catástrofe

Você espera a calamidade; você nota ou ouve falar de um problema e começa com "E se..." — "E se houver uma tragédia? E se for comigo?"

88   *Vícios*

Personalização

Você acha que tudo o que as pessoas dizem ou fazem é uma reação a você; também se compara aos outros para determinar quem é o mais inteligente, o mais bonito, e assim por diante.

As falácias do controle

Se você se sente externamente controlado, se vê como alguém impotente, uma vítima do destino; a falácia do controle interno faz com que você se responsabilize pelo sofrimento e pela felicidade de todos a seu redor.

A falácia da justiça

Você fica ressentido porque "sabe" o que é justo, mas os outros não concordam com você.

De quem é a culpa?

Você considera outras pessoas responsáveis por seu sofrimento, ou culpa a si mesmo por todo e qualquer problema.

Regras

Você tem uma lista de regras rígidas sobre como você e as outras pessoas devem agir; aquelas que quebram as regras o deixam furioso e você se sente culpado quando as transgride.

Raciocínio emocional

Você acredita que o que sente deve ser verdade — automaticamente; se você se sentir burro e chato, então é porque deve *ser* burro e chato.

Estratégias de auto-ajuda... 89

A falácia da mudança

Você espera que os outros mudem se os pressionar ou adular o suficiente; você precisa mudar as pessoas porque suas esperanças de felicidade parecem depender de elas mudarem.

Rótulos globais

Você generaliza uma ou duas características em um julgamento negativo global.

Estar certo

Você tem de provar continuamente que suas opiniões e atos estão certos; estar errado é impensável e você removerá montanhas para provar que está certo.

A falácia da recompensa celeste

Você espera que todos seus sacrifícios e altruísmo acabem sendo recompensados, como se alguém estivesse marcando pontos a seu favor; fica amargurado quando a recompensa não vem.

O indício mais seguro de que está usando uma forma de pensar distorcida é a presença de emoções dolorosas. Você se sente nervoso, deprimido ou cronicamente irritado. Fica chateado consigo mesmo. Alimenta constantemente certas preocupações.

Conflitos constantes com amigos e familiares também podem ser um indício de que você está empregando uma forma de pensar distorcida. Preste atenção no que diz a si mesmo sobre a outra pessoa. Preste atenção na sua forma de descrever e justificar seu lado no conflito.

Suas conclusões desagradáveis baseiam-se em regras falaciosas. Resultam em interpretações equivocadas, toma-

90 *Vícios*

da de decisões erradas, auto-estima baixa e emoções estressantes — e talvez em recaída.

O exercício de "correspondência" que se segue, concebido por Mathew McKay, Martha Davis e Patrick Fanning, tem a intenção de ajudá-lo a perceber e identificar o pensamento distorcido. Combine cada frase com sua forma distorcida de pensamento correspondente até todas as 15 distorções terem sua respectiva correspondência.

Exercício de correspondência (de formas de pensar distorcidas)

1. Depois de Lisa, nunca mais confiei em uma mulher bonita.
2. Pouca gente aqui parece mais inteligente do que eu.
3. Se você fosse mais aberto sexualmente, teríamos um casamento mais feliz.
4. Trabalhei e criei esses meninos e olha como me agradecem.
5. Se você não está a meu favor, está contra mim.
6. Eu teria curtido o piquenique se a galinha não tivesse queimado.
7. Estou deprimido e, assim, a vida não tem sentido.
8. Você não tem como lutar contra o sistema.
9. É por sua culpa que estamos no vermelho todo mês.
10. Vi que era um fracassado desde o primeiro dia em que apareceu aqui.
11. Não é justo que você possa beber e eu não.
12. Ele está sempre sorrindo, mas sei que não gosta de mim.
13. Não ligo para o que você pensa. Vou fazer exatamente a mesma coisa da próxima vez.
14. Não nos vimos durante dois dias e acho que nossa relação está se desintegrando.
15. Você nunca deve fazer perguntas pessoais.

Agora, elimine suas distorções substituindo-as por atitudes acuradas e positivas, exatamente como fez com suas mensagens da infância.

VIVA BEM SUA RECUPERAÇÃO

Como contar aos outros

A forma de contar a seus amigos, à sua família ou a seu patrão que você está em processo de recuperação difere de pessoa para pessoa. Se as pessoas sabiam que você tinha um problema, pode ser uma boa idéia informá-las de que você também reconheceu que o tinha e está fazendo tudo o que pode para resolvê-lo.

Quase sempre não é prudente entrar em mais detalhes sobre seu vício ou sua recuperação. Na verdade, as pessoas saudáveis em geral não querem saber de detalhes complexos, só que agora você "está se recuperando". Lembro-me de tentar contar a um ex-patrão que estava começando minha recuperação. Ele me interrompeu quase no meio da sentença e disse: "Tudo que me interessa é saber que você está mais feliz agora".

Outro velho amigo, Laurence, com quem eu havia perdido contato durante a pior fase de meu vício e com quem havia me encontrado no início da recuperação, disse simplesmente: "Mas eu sempre gostei muito de você; só estava preocupado com o fato de você estar se machucando com seu comportamento". Espero que você tenha experiências semelhantes de inesperadas demonstrações de amor.

Quando as pessoas quiserem realmente saber mais, seja honesto com elas. Isso se aplica sobretudo à sua família — esse é provavelmente um momento de muito sucesso ou de grande fracasso em suas relações familiares.

92   *Vícios*

Se tiver filhos, precisa fazê-los ver que mudou. Por menores que sejam, foram afetados por seu comportamento viciado. Talvez seja uma boa idéia esperar até progredir um pouco mais na recuperação, momento em que provavelmente já terão notado alguma mudança em seu comportamento e poderão acreditar no que você lhes diz. Além disso, se tiver recaídas depois de conversar com eles cedo demais, terá despertado falsas esperanças e perderá a confiança deles. Vai ser mais difícil para eles acreditarem em você no futuro.

Antes de falar com seus filhos, leia o Apêndice I, que aborda as maneiras de tentar evitar que as crianças sigam os passos de seus pais no vício. Aplique esses princípios a seus filhos. Lembre-se das falsas mensagens da infância e das maneiras distorcidas de pensar de que tratamos neste capítulo e procure nunca repeti-las a seus filhos. Em vez disso, procure transmitir-lhes as mensagens positivas pelas quais você substituiu as que recebeu. Amadureçam juntos.

E lembre-se de que as crianças fazem o que seus pais fazem. Sua própria recuperação é a melhor forma de preparo para a vida que ambas as partes terão.

Ajuda para seu parceiro

Incentive seu marido/sua mulher a freqüentar as associações e grupos de apoio que ajudam a família de viciados. Se ele/ela não gostar das reuniões, pode ao menos recorrer a alguns livros que vão ajudá-lo/a a entender o que está acontecendo e como pode conseguir apoio ao longo de sua recuperação.

Trabalho

Escolha sua profissão com o maior cuidado. Para a maioria das pessoas, é importante ter uma carreira, e não apenas

Estratégias de auto-ajuda...   93

"um emprego", mas isso é mais importante ainda para aqueles em processo de recuperação. Dizem que até 80% dos problemas são resultantes de as pessoas estarem no trabalho errado. A diferença entre uma carreira profissional e um emprego é que o primeiro oferece esperança e realização e o segundo, só dinheiro. Você vai perder esse dinheiro se tiver uma recaída por causa da infelicidade gerada pelo emprego.

Depois de enfatizar isso, gostaria de dizer que muita gente, durante o primeiro ou os dois primeiros anos de recuperação, faz um trabalho simples, em geral voluntário. Isso é o ideal, pois permite utilizar todas as novas capacidades de aprender e viver, praticar a administração de suas oscilações de humor e processar as novas emoções que está sentindo. Permite que você exercite a criação de vínculos saudáveis com outras pessoas, talvez pela primeira vez. Significa que consegue se concentrar em você mesmo e em suas necessidades e que está começando a ter um senso de identidade a partir do que está dentro de você, independentemente do emprego que tem. Isso é importante em particular para pessoas com tendência a se viciar em trabalho.

Se tiver um emprego muito estressante e não conseguir ou não quiser deixá-lo, delegue ou reduza algumas de suas responsabilidades. Planeje a quantidade de trabalho que consegue fazer no horário comercial e obedeça a esse plano. Como agora está com as idéias mais claras, talvez descubra que uma parte do trabalho é desnecessária e que precisa de menos tempo para realizar uma quantidade maior do trabalho necessário.

Finalmente, escolha o seu ramo com o maior cuidado. Trabalhar no setor de bebidas, por exemplo, não é uma boa idéia; os donos e empregados de bar apresentam os índices mais elevados de morte por problemas ligados ao álcool. Logo em seguida vêm os médicos, os marinheiros e os advogados. Se você por acaso é médico ou advogado, talvez

94   *Vícios*

existam em sua cidade grupos especiais de auto-ajuda para sua profissão (ver o Capítulo 7).

Trate de todo e qualquer sintoma de vício em trabalho. A seguir, estão algumas diretrizes recomendadas pelos Workaholics Anônimos:

- Estabeleça prioridades — verifique quais são as coisas mais importantes a fazer primeiro, mesmo que isso signifique não fazer nada; mantenha a flexibilidade, reorganizando as prioridades sempre que necessário.
- Substitua — não assuma uma nova atividade sem eliminar outra de sua rotina que exija tempo e energia equivalentes.
- Planeje com folga — dê a si mesmo mais tempo do que acha que precisa para uma tarefa ou viagem.
- Divirta-se — reserve um tempo para se divertir; não faça da diversão um projeto de trabalho.
- Concentre-se — faça uma coisa de cada vez.
- Estabeleça seu próprio ritmo — trabalhe num ritmo razoável e descanse *antes* de se sentir cansado; não se atole em trabalho para não ter de se desatolar.
- Relaxe — não ceda a pressões, nem tente pressionar os outros; esteja alerta para pessoas e situações que desencadeiam pressões sobre você; preste atenção em seus atos, palavras, sensações corporais e sentimentos que lhe dizem que está reagindo com tensão.
- Aceite — aceite os resultados de seus esforços, sejam quais forem as conseqüências, seja qual for a hora em que vierem à luz; a impaciência, a pressa e a insistência em resultados perfeitos diminuem a velocidade de sua recuperação.
- Equilibre sua vida — equilibre o trabalho envolvendo-se com atividades que o levem a boas relações pessoais, ao crescimento espiritual, à criatividade e a atitudes lúdicas.

Relacionamentos afetivos

Não se lance precipitadamente em uma relação afetiva. Procure esperar um ano — quanto mais você progredir em sua recuperação, tanto mais saudável será a pessoa que irá escolher. No início da recuperação, é provável que você só repita experiências passadas. Ou então pode se apaixonar por um veterano de programas de auto-ajuda que gosta de seduzir recém-chegados vulneráveis. Ele/ela em geral não tem recaídas em seu vício — mas suas vítimas sim.

Além disso, no começo da recuperação é mais fácil transferir seu vício, seja ele qual for, para a atividade sexual ou para uma determinada pessoa. Pode se surpreender despendendo com elas o tempo que devia estar despendendo em sua recuperação. Pode bloquear sentimentos que precisa viver com uma euforia decorrente do "amor" e do desejo. Você pode estar simplesmente passando de um vício para outro.

O vício congela o desenvolvimento da personalidade a tal ponto que, seja qual for sua idade cronológica, é provável que tenha a idade emocional que tinha na primeira vez que lançou mão dele — em geral é a idade emocional de um adolescente. Por exemplo: talvez se surpreenda ficando ruborizado e sentindo-se desajeitado como quando era adolescente. Você deve passar o primeiro ano de recuperação amadurecendo e desenvolvendo sua capacidade de estabelecer relações interpessoais antes de tentar se envolver em uma relação afetiva séria.

O questionário que segue, extraído do *Family Integration Systems* (Sistema de Integração Familiar), de Wayne Kritsberg, pode ajudá-lo a determinar se você entrou em um relacionamento afetivo codependente, viciado e com tendência a recaídas.

Você está em um relacionamento codependente?

1. Você coloca as necessidades de seu parceiro amoroso antes das suas?

96 *Vícios*

2. Já bateu em seu parceiro ou já apanhou dele?
3. Tem receio de contar a seu parceiro quando seus sentimentos são feridos?
4. Seu parceiro lhe diz como deve se vestir?
5. Você sorri quando está com raiva?
6. Tem dificuldade de estabelecer limites pessoais e mantê-los?
7. É difícil expressar seus verdadeiros sentimentos a seu parceiro?
8. Sente-se nervoso e desconfortável quando está só?
9. Sente-se rejeitado quando seu parceiro está com os amigos dele?
10. Sente vergonha quando seu parceiro comete um erro?
11. Faz sexo quando não tem vontade?
12. Não faz sexo para se vingar de seu parceiro?
13. Acha que a opinião de seu parceiro é mais importante do que a sua?
14. Espera que seu parceiro tome a maior parte das decisões no relacionamento?
15. Fica muito irritado quando o outro não obedece a seu plano?
16. Tem medo de que seu parceiro saiba o que você está realmente sentindo?
17. Fica em silêncio para manter a paz?
18. Sente que se doa o tempo todo e recebe pouco ou nada em troca?
19. Você esfria quando entra em conflito com seu parceiro?
20. Está infeliz com suas amizades?
21. Surpreende-se dizendo, muitas vezes, "Não é tão ruim assim"?
22. Sente que está "preso" nesse relacionamento?
23. Tem de controlar suas emoções a maior parte do tempo?

Estratégias de auto-ajuda... 97

24. Perde o controle das emoções durante os momentos de conflito?
25. Sente que seu relacionamento acabaria sem seus esforços constantes?

Cinco ou mais respostas afirmativas indicam que você está prestes a entrar ou já está em uma relação codependente. Quanto maior o número de respostas afirmativas, mais disfuncional a relação.

Se já estiver numa relação assim, é aconselhável não tomar nenhuma decisão a respeito dela enquanto não tiver passado um ano. Há exceções, como a de uma mulher em um relacionamento violento ou com um parceiro que tenta levá-la a uma recaída. As mulheres tendem mais a ter recaídas como reação ao incentivo de um homem com quem tenham uma relação amorosa do que os homens em reação a uma mulher.

Entrar ou sair de uma relação afetiva pode ser um fator crucial na vida da maioria das pessoas. Dê-lhe a importância que merece discutindo-a de ponta a ponta com pessoas em quem confie antes de tomar qualquer atitude.

Não se exclua dessa situação se você for *gay*. Algumas associações mencionadas no Capítulo 7 têm reuniões específicas para *gays* em processo de recuperação se conhecerem e partilharem problemas, experiências e soluções comuns.

O que fazer nas festas de fim de ano

O Natal e o Ano-novo são eventos extremamente estressantes para qualquer um, como mostram as elevadas taxas de suicídio nessa época do ano. No caso das pessoas em processo de recuperação, o estresse reflete-se nas taxas elevadas de recaídas no fim de dezembro e começo de janeiro, bem como em recaídas no fim de janeiro por causa da satisfação de ter superado o primeiro período.

98 *Vícios*

A tensão surge em função das expectativas muito grandes em torno do Natal e do Ano-novo, e por vê-las frustradas depois. Vem de lembranças de comportamento viciado em Natais e Anos-novos anteriores, do qual a pessoa se envergonha. Vem de imagens de famílias felizes, que os viciados em geral perderam ou nunca tiveram, bombardeadas por todos os meios de comunicação de massa. Abre-se um abismo de vazio.

Os viciados também podem sentir que têm de apresentar uma imagem perfeita dessa vez, o que provoca mais tensão ainda.

Um centro de tratamento relata que as pacientes que são mães sentem uma culpa avassaladora. Muitas delas tentam compensá-la roubando roupas e brinquedos caros das lojas — o que confunde os filhos.

Assim sendo, que preparativos você pode fazer para se proteger de uma recaída — e talvez até passar bons momentos?

1. Encontre-se com alguns amigos já no começo de novembro e discuta seus temores. Fale a respeito do seu medo nas reuniões do grupo de auto-ajuda e com seu terapeuta, se tiver um.
2. Planeje o(s) evento(s) com bastante antecedência. Procure ocupar o máximo de tempo que puder com atividades positivas. Onde quer passar o Natal? Quer passá-lo sozinho? Com amigos, com a família ou com outros membros solteiros de sua associação? Convide-os e depois curtam planejando as coisas juntos.
3. Não tenha grandes expectativas.
4. Se necessário, use as táticas de emergência do Capítulo 4.
5. Alguns grupos de auto-ajuda fazem reuniões na véspera e no dia de Natal e Ano-novo. Vá, se hou-

Estratégias de auto-ajuda... 99

ver algum a que você tenha acesso. Alguns grupos também organizam um baile de Ano-novo.

6. Se for passar essas datas fora, leve livros e fitas sobre recuperação. Leve também alguns refrigerantes, mesmo que seu vício não seja o álcool (não adianta mudar de droga). Sirva sua própria bebida para que ninguém possa "envenená-la". Se as coisas ficarem difíceis, saia para dar uma volta ou para um quarto onde tenha privacidade. Tenha um plano de fuga pronto para o caso de as coisas piorarem.

7. Se for obrigado a ir a eventos dos quais tem medo, não deixe de providenciar os meios de fugir rapidamente. Peça a um amigo para pegar você a uma certa hora. Leve dinheiro para lhe telefonar mais cedo, se necessário. Leve dinheiro para pegar um táxi. Vá com uma boa desculpa preparada. Se confiar no anfitrião ou em outro convidado, diga-lhes que tem de colocar sua recuperação em primeiro lugar.

8. Faça um estoque de drinques exóticos com bebidas não-alcoólicas, para que não haja desculpa para ir a um depósito de bebidas, nem a um bar. Enfeite-os para que tenham uma aparência especial.

Depois de sobreviver a um Natal e um Ano-novo, você descobrirá que pode se divertir sem seu vício. Você assentou um novo "tijolo" para os anos seguintes. E lhe garanto que o próximo ano será mais fácil, porque você vai ter boas lembranças e experiências em que se apoiar.

Outras festas de fim de ano fora de casa podem se tornar mais fáceis se você descobrir de antemão onde são feitas as reuniões de grupos de auto-ajuda, onde vai poder expressar todos os seus medos e passar o tempo com os "nativos" em processo de recuperação. Esta é uma vantagem enorme que os

100   *Vícios*

membros dos grupos de auto-ajuda têm e o público em geral não tem: uma forma de conhecer rapidamente pessoas do lugar, com amizades e outras coisas em comum.

DEIXE SEU CORPO SE RECUPERAR

A seguir, estão listas de alimentos "desintoxicantes" para seu corpo no início da recuperação, uma dieta de "crescimento" para manter seu organismo equilibrado e tratamentos naturais de saúde, criados por John Tindall, um especialista em vícios em substâncias químicas, HIV e AIDS com medicina chinesa, cujo consultório se situa em Londres.

Alimentos desintoxicantes

1. Legumes, verduras e frutas frescas desintoxicam.
2. Cereais integrais, ovos e peixes em lugar de carne e laticínios, que sobrecarregam o fígado e os rins.
3. Nada de alimentos gordurosos e fritos, que fazem mal ao fígado, à pele e à circulação.
4. Nada de açúcar ou produtos com farinha de trigo branca, pois eles afetam as vitaminas e os sais minerais.
5. Muita água e chá de ervas.
6. Nada de café ou chá preto, que afetam as vitaminas e os sais minerais.

Dieta de crescimento

1. Coma proteínas e carboidratos em refeições separadas.
2. Alimentos alcalinos, como frutas, legumes e verduras devem constituir 80% da dieta.
3. Nada de líquidos durante as refeições.

Estratégias de auto-ajuda... 101

4. A água deve constituir 75% da refeição; por exemplo, saladas, alface e abobrinha.
5. Mastigue bem.
6. Nada de "compensação" emocional. Coma somente quando tiver fome.
7. Coma regularmente.

Tratamentos naturais de saúde

Acupuntura

Indicada principalmente para sintomas agudos de abstenção e problemas crônicos pós-desintoxicação.

Shiatsu

Massagem corporal para liberar bloqueios e revigorar a energia e a circulação do sangue.

Reflexologia

Massagem nos pés, usada sobretudo para insônia, dores de cabeça, desconforto de abstenção e problemas digestivos.

Hidroterapia

Banhos quentes e frios para tratar de dores nas pernas e nas costas e para reduzir a acidose (aumento anormal da acidez do sangue e dos fluidos extracelulares).

Óleos essenciais

Muito bons para relaxamento, dores musculares e dores em geral. Os mais usados são lavanda, ilangue-ilangue e alecrim — use quatro gotas de cada em seu banho.

102 *Vícios*

Chás de ervas

Limpam e restauram a química interna do corpo. Para um chá desintoxicante especial, use: 1 parte de camomila, 1 parte de escutelária, 1 parte de hortelã, 1 parte de gatária, 1 parte de milefólio, 1 parte de sabugueiro, 1 parte de verbena. Dose: 1 colher de chá da mistura em água fervente três vezes ao dia. Para ajudar a dormir, faça um chá com 1 parte de camomila, 1 parte de agripalma, 1 parte de escutelária, 1 parte de passiflora, 1 parte de damiana, 1 parte de trevo-dos-prados, 1/4 de parte de lúpulo, 1 parte de flores de visgo. Dose: 1 colher de chá da mistura em uma xícara de água fervente duas vezes à noite.

Moxabustão

Para sintomas de frio, fraqueza e cansaço em viciados crônicos. É uma antiga prática chinesa de aquecer pontos do corpo para melhorar a circulação, reduzir a dor e energizar os sistemas internos.

Ginástica ocidental

Para promover a circulação linfática e sangüínea e estimular a liberação de endorfinas; também promove a comunicação, a disciplina do espírito de grupo e a aceitação de limitações pessoais. Exemplos: treinamento de circuito, cama elástica, pular corda, correr, jogar basquete, vôlei.

Exercícios orientais

Qi Gong ou *Tchi Kun* para integrar a mente, o corpo e a respiração em movimentos ou posturas simples de meditação, a fim de alcançar o nível mais alto possível de auto-realização. *Ioga* para liberar a tensão física e mental e atingir uma consciência mais elevada.

Estratégias de auto-ajuda... 103

Vitaminas e sais minerais

Para tratar a deficiência criada pelo abuso constante de drogas.

Vitamina C: 2 g diárias para ativar as supra-renais e o fígado, para estimular a formação de anticorpos, combater a acidose, as infecções e o bloqueio dos capilares.

Complexo de vitaminas B: para reparar o tecido nervoso, o fígado e a pele.

Vitamina E: 400 ui (unidades internacionais) diárias para evitar a destruição de gorduras vitais; produz hormônios gordurosos, melhora o funcionamento do fígado, reduz cicatrizes (se tiver pressão alta, não exceda 50 ui diárias).

Vitamina A: 10.000 ui diárias melhoram a função de eliminação da pele e das mucosas, estimulam o funcionamento do fígado e hidratam a pele seca que coça.

Vitamina D: 1.000 ui diárias melhoram a absorção de cálcio e por isso ajudam a regenerar os nervos, os ossos e os músculos.

Zinco: 30 mg diárias melhoram a reação ao estresse e ajudam a tratar inflamações e pouca fertilidade.

Ferro: 10 mg para anemia.

Manganês: melhora a absorção de vitamina F, esterilidade, hiperatividade, ossos e alterações dos ossos e das juntas, bem como fraqueza da pituitária ou hipófise.

Cálcio e magnésio: para dores nos ossos e nervos. Dolomita — 300 mg diárias.

Relaxamento

Experimente o relaxamento autógeno, ginástica relaxante, meditação, inclusive meditação transcendental, *biofeedback*.

Por fim, quando por uma razão qualquer nenhuma das técnicas apresentadas neste e nos capítulos anteriores parecer suficiente, *vá a uma reunião de grupo de auto-ajuda ou procure a ajuda de um profissional*. Os detalhes estão nos próximos capítulos.

104 *Vícios*

SOLUÇÕES DOS EXERCÍCIOS

Carta de pêsames (ver página 80)

Você saberá que escreveu uma carta sincera se ela se parecer com uma carta de adeus a um amante.

Formas distorcidas de pensar (ver páginas 90)

1. Generalização indevida
2. Personalização
3. A falácia da mudança
4. A falácia da recompensa celeste
5. Pensamento polarizado
6. Filtragem
7. Raciocínio emocional
8. As falácias de controle
9. De quem é a culpa?
10. Rótulos globais
11. A falácia da justiça
12. Leitura de pensamento
13. Estar certo
14. Fazendo de tudo uma catástrofe

CAPÍTULO 7

O movimento mundial dos Doze Passos

Há alguns anos, o apresentador de um programa de entrevistas da TV perguntou ao célebre diplomata Henry Kissinger qual era a coisa mais preciosa que os Estados Unidos tinham dado ao mundo. Os Alcoólicos Anônimos — foi a resposta.

Os grupos dos Doze Passos, os Alcoólicos Anônimos (A.A.) e os Narcóticos Anônimos (NA) estão se tornando associações famosas, e "recuperação" é uma palavra que rapidamente está entrando em voga. Personagens de programas de TV e de filmes pronunciam a palavra casualmente. Sharon Gless, uma das duas estrelas do seriado de detetives da TV *Cagney & Lacey*, atuou em um episódio que a mostrava nas reuniões dos AAs. O personagem de Tim Robbins no filme *O jogador*, de Robert Altman, anuncia casualmente estar indo a uma reunião dos AAs, não por ter problemas com o álcool, mas para conhecer gente da indústria do cinema que soubera que estaria lá. No filme de 1997, *Até você aparecer*, Jeanne Tripplehorn e Dylan McDermott apaixonam-se um pelo outro depois de dividir um cigarro ilícito fora de uma reunião dos Fumantes Anônimos.

Hoje em dia existem programas de Doze Passos para quase todos os vícios. O que são esses programas e como podem ajudar as pessoas a se recuperarem?

Todos os programas de Doze Passos baseiam-se no primeiro, o dos Alcoólicos Anônimos, grupo fundado em 1935 pelo corretor de ações Bill Wilson e pelo cirurgião Robert Smith, o dr. Bob. Durante anos, ambos tentaram sem êxito abandonar o vício do álcool — e só conseguiram quando se

106 *Vícios*

conheceram por acaso e conversaram um com o outro a respeito do assunto.

Bill Wilson e o dr. Bob resolveram divulgar o método que funcionou para eles na esperança de ajudar outras pessoas com problemas semelhantes de vício. A associação recém-nascida colocou sua experiência em um livro que atingiu o público quatro anos mais tarde. Nessa época, as recuperações totalizavam apenas cem pessoas.

O livro chamava-se simplesmente *Alcoólicos Anônimos*, citado muitas vezes como "O Grande Livro", e foi dele que a associação retirou seu nome. O texto básico continua inalterado depois de três edições, muitas reimpressões e milhões de exemplares vendidos. Conta a história dos AAs, mostra uma compreensão clara do alcoolismo e uma forma de sair do vício. Histórias pessoais foram acrescentadas depois da segunda edição, diferindo o bastante entre si para qualquer leitor com problema com a bebida identificar-se pelo menos com uma delas. O livro levou os alcoólicos a se organizar em grupos de A.A. às dezenas de milhares. Hoje existem milhões de pessoas que se reúnem em A.A. no mundo inteiro.

Quando os fundadores dos A.A. já estavam sóbrios há quinze anos, compararam a experiência e os conhecimentos adquiridos com sua própria sobriedade com os de outros membros da associação, que crescia rapidamente. Esse estudo foi publicado com o título de (*Doze Passos e Doze Tradições*). Propunham "ampliar e aprofundar a compreensão dos Doze Passos apresentada pela primeira vez em uma obra anterior". Seu prefácio explica que:

> Os Doze Passos de A.A. consistem em um grupo de princípios espirituais em sua natureza que, se praticados como um modo de vida, podem expulsar a obsessão pela bebida e permitir que o sofredor se torne íntegro, feliz e útil.

O *movimento mundial dos Doze Passos*   107

Embora os ensaios que se seguem tenham sido escritos principalmente para os membros de A.A. muitos amigos opinam que podem despertar interesse e encontrar aplicação mesmo não sendo da Irmandade.

Muitas pessoas não-alcoólicas dizem que, como resultado da prática dos Doze Passos de A.A., conseguiram enfrentar outras dificuldades da vida. (...) Vêem neles um caminho para uma vida feliz e efetiva para muitos, alcoólicos ou não.

Os Doze Passos formam atualmente a base das associações de auto-ajuda para pessoas com vícios diferentes e para sua família, amigos, patrões e outros próximos deles.

Procure saber quais são os grupos que atuam em sua cidade. Com certeza encontrará um que poderá lhe ajudar.

Existem igualmente associações de Doze Passos especiais para viciados que são médicos, advogados e enfermeiras. Esses grupos são separados dos outros porque os membros têm muitos clientes que dependem deles, cujos interesses precisam ser resguardados enquanto eles próprios estão sendo tratados. Também objetivam garantir sigilo, pois essas pessoas estão tentando afastar o risco de terem seu registro profissional cassado, o qual é essencial para ganharem seu sustento.

Para escrever *Os Doze Passos*, os autores tiveram a coragem de consultar figuras importantes do então embrionário campo da psicoterapia, inclusive Carl Jung. Fizeram uma pesquisa tão completa que qualquer pessoa que hoje estudar a psicoterapia dinâmica ou integradora pode se surpreender por não encontrar nada nesse livro de cinqüenta anos de idade que contradiga as informações de que dispõem. É evidente que não há nada nele que as teorias modernas possam contradizer.

As pessoas que querem se recuperar de seus vícios podem conseguir ajuda dos grupos dos Doze Passos mesmo antes de aplicar os Doze Passos à sua vida.

108   *Vícios*

A primeira coisa que ajuda, como descobriram os fundadores dos A.A., é o fato de encontrar pessoas que sofreram ou estão sofrendo da mesma forma. A maioria das pessoas que vem às reuniões acredita que não há ninguém pior do que elas, nem que beba/consuma drogas/jogue/coma e se comporte tão mal quanto elas; ninguém mente a respeito nem dissimula seu vício como elas. Descobrir que outras pessoas estiveram ou estão em uma situação idêntica reduz imediatamente uma parte da vergonha que dificulta a recuperação.

Descobrir que outras pessoas agiram de forma tão imprópria quanto elas e que, miraculosamente, *não agem mais assim*, dá esperança aos recém-chegados de que também eles poderão ser tão bem-sucedidos adotando os sólidos modelos de vida que têm agora diante dos olhos. Essas pessoas não estão falando teoricamente. Viveram os problemas e encontraram a solução.

Ir às reuniões também é muito prático no sentido de ocupar o tempo e preencher o vácuo deixado pelo vício. Quando participa dessas reuniões, fica afastado do "local do crime"e de outros viciados, que poderiam levar a uma recaída.

Quando você diz que é um novato, os "veteranos" dão o número do telefone deles para que você ligue quando estiver com medo de ter uma recaída. Ligue mesmo. Eles só estão fazendo por você o que alguém fez por eles quando eram novatos. Essa é sua forma de retribuir o favor. Portanto, espero também, depois de alguns anos de recuperação, que seja você a dar o número de seu telefone para os novatos.

Muita gente sai para tomar um café e bater papo depois de uma reunião — "a reunião depois da reunião". Simplesmente pelo fato de estar ali sentado curtindo a conversa à sua volta, você talvez descubra que pode se divertir e estar bem consigo mesmo sem lançar mão de seu vício.

O *best-seller A trilha menos percorrida*, do dr. M. Scott Peck, define a diferença entre o amor de uma criança e o amor de um adulto, que considero uma descrição do funcionamento das associações dos Doze Passos.

Scott Peck define uma criança como um ser que é amado "até ter condições de amar" e um adulto como um ser que "ama até ser amado". Os novatos são como as crianças com suas emoções quando chegam para uma reunião da associação dos Doze Passos. São amados pelos veteranos até descobrirem sua própria capacidade de amar. Então, com sua maturidade emocional recém-conquistada, podem amar os que chegaram depois deles. Parece idealista. Mas funciona incrivelmente na prática.

Como as associações funcionam pode ser explicado pela lista das cinco necessidades hierárquicas do ser humano, elaborada pelo terapeuta Abraham Maslow. Essas necessidades são chamadas de hierárquicas porque você não pode satisfazer uma delas enquanto a anterior não tiver sido atendida.

Maslow chama a primeira necessidade de fisiológica: calor, comida, água, abrigo — e amor. Vários experimentos mostraram que os filhotes de macacos *rhesus* morrem quando privados do amor de sua mãe. É uma necessidade tão básica quanto as outras necessidades fisiológicas.

Somente depois que nossas necessidades fisiológicas estão garantidas é que podemos satisfazer a segunda: segurança. Muitos viciados jamais passaram quando crianças, ou mesmo quando adultos, desses dois estágios. Em geral foram privados de amor, por maus-tratos ou a morte de um dos pais. Não tiveram segurança porque os adultos os fizeram passar vergonha, ignoraram suas necessidades, reprimiram suas emoções, bateram neles ou até os atacaram sexualmente. A associação dos Doze Passos talvez seja o primeiro ambiente em que se sentirão amados e em companhia de pessoas que oferecem segurança.

110   *Vícios*

Por causa dessa carência, é pouco provável que um viciado tenha alcançado a terceira hierarquia das necessidades: a sensação de fazer parte de um grupo e de ser amado. Para muitos, outra vez, essa necessidade é satisfeita somente quando desfrutam a companhia de seus iguais.

A quarta necessidade é a auto-estima e a quinta, a auto-realização. Elas virão em seguida se você levar um programa de recuperação até o fim.

O que esperar quando se vai a uma reunião dos Doze Passos? Em primeiro lugar, você pode tornar as coisas mais fáceis pedindo a alguém para ir com você. Simplesmente telefone para a organização de "Anônimos" que se enquadra na sua situação e peça para alguém acompanhá-lo. Esse é um serviço regular que essas associações prestam, chamado "o primeiro dos Doze Passos"; portanto, não ache que está pedindo um favor especial. Ou, então, chame alguém em quem confie.

Quando você entra numa reunião, sempre há alguém que o recebe e que vai apresentá-lo a algumas pessoas e lhe arranjar um grupo "motor de arranque", se disser que é novo na associação. Em geral há chá e café (de graça); se você chegar cedo, pode relaxar.

As reuniões variam ligeiramente de forma e podem durar de uma hora (se for na hora do almoço ou do *rush*) a uma hora e meia (em outros horários). De modo geral, um "secretário" começa explicando resumidamente o andamento da reunião, depois diz que a associação está aberta a todos os que desejam abandonar seu vício, que não há "matrícula nem mensalidade" e pede que os Doze Passos sejam lidos em voz alta. Em seguida, um "orador" é apresentado.

O orador fala de vinte a trinta minutos. Ele/ela conta sua história, o que aconteceu com ele/ela na época em que era viciado/a, como chegou a perceber que tinha um problema, como tentou resolvê-lo, como descobriu a associa-

O movimento mundial dos Doze Passos   111

ção e o que aprendeu e está aprendendo com ela para ajudar a manter sua recuperação e um modo de vida mais feliz e gratificante. Às vezes o orador fala dos problemas de sua vida e como está tentando resolvê-lo sem o vício.

Durante o resto da reunião, outros membros da associação podem contar suas próprias experiências. Às vezes têm empatia com o orador. Às vezes passaram por problemas semelhantes e conversam sobre a solução que funcionou para eles. Toda essa experiência compartilhada ajuda os membros a estabelecerem ligações e ter sentimentos positivos de esperança e sucesso.

Normalmente, dez minutos das reuniões são dedicados a recém-chegados ou pessoas que têm dificuldade em falar de si. Os membros mais confiantes vão ficar quietos para os outros poderem se manifestar.

Pouco antes do fim da reunião, "passam o chapéu" para recolher contribuições voluntárias; só contribua se você puder. Depois é recitada a "oração da serenidade" (ver o Terceiro Passo mais adiante, neste capítulo).

O número de participantes de cada reunião pode variar de meia dúzia a mais de 150 pessoas em áreas populosas do centro de cidades grandes. Podem ser novos e estar desesperados, procurando ajuda, ou podem estar em processo de recuperação há décadas. Algumas reuniões dos AAs são freqüentadas por pessoas que não bebem há mais de quarenta anos! Perguntam-lhes muitas vezes por que ainda as freqüentam, e eles respondem que "é porque vou que ainda estou sóbrio".

A maior parte das pessoas começa a ir às reuniões porque tem de ir, mas acaba gostando do companheirismo, da ajuda e do apoio — uma verdadeira fraternidade.

Você também pode pedir a alguém da associação em quem confia para ser seu "padrinho". Um padrinho é alguém que concorda em ajudá-lo na sua recuperação, principalmente orientando-o nos Doze Passos. É a pessoa que

112 *Vícios*

você pode procurar primeiro e mais freqüentemente quando estiver em dificuldades.

Só uma palavra de advertência: há alguns "veteranos", quase sempre homens com mais de cinqüenta anos, que sabem que os recém-chegados estão muito vulneráveis. São pessoas que não têm escrúpulos em pedir dinheiro emprestado aos novatos, ou seduzi-los. É difícil identificá-los porque em geral falam bem, mas você não terá problemas desde que não empreste dinheiro nem vá para a cama com um "veterano" em seu primeiro ano de recuperação. Depois disso, vai estar em condições de cuidar de si mesmo.

Bem, quais são os Doze Passos e como podem ajudá-lo a se recuperar de seu vício?

OS DOZE PASSOS

1. Admitimos que éramos impotentes perante o [nome do vício] — que tínhamos perdido o domínio sobre nossas vidas.

A palavra mais importante dos Doze Passos é a primeira: "nós". Os grupos dos Doze Passos funcionam porque pessoas com histórias semelhantes se encontram para combater problemas semelhantes e para se recuperar do vício.

A primeira parte da frase é a única de todos os passos a se referir ao vício, ou a abandonar o vício. Os outros Onze Passos dizem respeito a um modo de vida que ajuda você a continuar sem o vício.

A primeira parte dessa frase também é importante porque só quando você ou a pessoa próxima a você com um problema de vício reconhece que tem um problema é que se torna possível tomar alguma providência para encontrar uma solução.

O movimento mundial dos Doze Passos   113

A segunda parte da frase considera a situação insuportável que o vício criou em sua vida: um casamento insustentável, outros relacionamentos afetivos insustentáveis, ambientes de trabalho insustentáveis ou precários, comprometimento do sistema de valores, sentimentos e reações insuportáveis, comportamento insuportável, falta ou atraso nos encontros marcados, finanças insustentáveis... a lista pode continuar quase indefinidamente.

Enxergar o dano que o vício causou é um estímulo para continuar longe dele.

2. Viemos a acreditar que um Poder superior a nós mesmos poderia devolver-nos à sanidade.

Essa frase também pode ser interpretada como "viemos [até as reuniões] para acreditar" e "viemos [finalmente] a acreditar".

Um "Poder superior a nós mesmos" não o vincula a nenhuma religião em particular; na verdade, a religião nenhuma. Enfatiza que as pessoas costumavam considerar seu vício um poder maior do que elas. Agora você tem um substituto positivo, um substituto que protege seus interesses e sua saúde. Ainda não é preciso entender que poder é esse, só que há algo "lá fora" que se importa mais com você do que você mesmo; que o respeita mais do que você mesmo e que está cuidando de você.

Para quem tem problemas dessa natureza, é possível concluir que os membros de sua associação, com sua experiência e conhecimentos, são esse poder maior que você neste momento. Algumas pessoas pensam nesse poder como a natureza.

As associações de Doze Passos consideram-se associações espirituais. Uma definição de espiritualidade é que é algo que acontece quando nossos planos emocional, físico e mental trabalham todos em harmonia. Outra definição da

114   *Vícios*

diferença entre religião e espiritualidade é que a religião se destina a pessoas que querem evitar o inferno, ao passo que a espiritualidade é para aqueles que já estiveram lá. Todos os viciados sabem como é o inferno.

A última parte da frase é "poderá fazer-nos recobrar a sanidade". Uma definição de insanidade — "fazer a mesma coisa muitas e muitas vezes esperando obter um resultado diferente" — também é uma boa descrição do comportamento viciado. Insanidade é tentar evitar a realidade inevitável por meio do vício. Sanidade é fazer algo diferente. Sanidade é ir a uma reunião dos Doze Passos. Sanidade é transformar um comportamento destrutivo em um comportamento construtivo.

3. Decidimos entregar nossa vontade e nossa vida aos cuidados de Deus *na forma em que O concebíamos.*

Deus, poder maior que nós, poder superior... dê-lhe o nome que quiser; aqui reconhecemos que nossa enorme força de vontade não foi suficiente para abandonar o vício. Algo mais tem de entrar na equação.

O Terceiro Passo diz somente que tomamos uma decisão, não que *já conseguimos* entregar nossa vontade e nossa vida a uma outra força. Tudo quanto precisamos fazer agora é tomar a decisão.

Essa demonstração de boa vontade, de disposição, é o primeiro dos passos "de qualidade" e traz alívio, paz de espírito e qualidade de vida à medida que paramos de tentar controlar tudo à nossa volta. Os dois primeiros passos nos ajudam a parar com o vício. Agora, descobrimos que viver uma vida de qualidade significa que temos outras vias além do vício para nos sentirmos plenos.

O capítulo sobre o Terceiro Passo dos Doze Passos dos A.A. termina assim: "... é realmente fácil iniciar a prática do Terceiro Passo. Cada vez que aparecer um momento de

O movimento mundial dos Doze Passos   115

indecisão ou de distúrbio emocional, podemos fazer uma pausa, pedir silêncio e dizer simplesmente: 'Concedei-me, Senhor, a serenidade necessária para aceitar as coisas que não posso modificar; coragem para modificar aquelas que posso, e sabedoria para distinguir umas das outras. Seja feita a Vossa vontade, não a minha'".

4. Fizemos minucioso e destemido inventário moral de nós mesmos.

Existem somente três regras simples que é preciso conhecer sobre o Quarto Passo: você deve pôr tudo no papel; a única maneira de você errar é mentir ou omitir algo deliberadamente; você deve deixar transcorrer o mínimo de tempo possível entre o Quarto e o Quinto Passo.

Uma quarta regra está relacionada com o Quinto Passo, mas é agora que você tem de pensar nela: escolha alguém em quem possa realmente confiar para ir até o fim do Quarto Passo com você. Pode ser seu padrinho — se não tiver conseguido um, arranje alguém só para essa tarefa — ou mesmo um terapeuta que compreenda os Doze Passos. Algumas pessoas preferem um padre.

O Quarto Passo é uma lista de créditos e débitos de sua natureza, as partes boas e ruins de seu comportamento. Pôr no papel os débitos significa que você consegue reconhecê-los e transformá-los. Às vezes, na época em que chegamos a escrever a respeito de nossos débitos, percebemos que começamos a mudar alguns deles assim que entramos em processo de recuperação. Outros levam mais tempo para mudar. Essa é, quase sempre, a primeira vez que nos vemos como realmente somos.

Mencionei no Capítulo 2 que, quando entrei em processo de recuperação, perguntaram-me que tipo de pessoa eu era. Era má ou boa? Gostava de me divertir? Eu não soube responder. Somente quando comecei a escrever sobre

116   *Vícios*

meu Quarto Passo é que consegui ver que créditos e débitos tinha, e em que quantidades. Comecei a formar um quadro de mim como pessoa, em vez de um burro de carga.

Quando concretizei pela primeira vez meu Quarto Passo, vi-o como um teste. Minhas idéias sobre mim e sobre minha vida costumavam ser validadas tão raramente que eu não sabia se minhas "respostas" eram corretas. Um ano depois, fiz de novo o exercício do Quarto Passo (o que não é obrigatório) e tive uma maravilhosa sensação de humildade enquanto estava escrevendo; eu não era a número um do mundo nas coisas ruins, nem a número um nas coisas boas. Era comum — assim como minhas ações. Apesar disso, enquanto escrevia sobre meus créditos, senti que poderiam me chamar de mentirosa. O fato de meus créditos serem confirmados e validados era melhor ainda do que confirmar minha realidade.

É típico das pessoas viciadas passarem muito tempo escrevendo sobre seus débitos — e deixarem de anotar seus créditos. Você precisa pôr ambos no papel para ter um quadro verdadeiro. A verdadeira humildade é ver-se como você é, bom e ruim. Além disso, se você for esmagado por todos os seus defeitos, pode ficar paralisado demais para dar um passo em frente.

Faça uma pausa enquanto estiver ocupado com o Quarto Passo, caso se sinta cansado ou tomado pelas emoções. Telefone para alguns amigos se algo que escrever o fizer sentir-se angustiado. Telefone para seu padrinho. Comece escrevendo sobre alguns créditos. Por fim, você talvez prefira fazer um pouco do exercício do Quarto Passo, fazer um pouco do Quinto Passo, voltar a seu Quarto Passo, continuar com seu Quinto Passo, e assim por diante.

"(...) é sábio escrevermos nossas perguntas e respostas. Servirá como ajuda aos pensamentos claros e à avaliação honesta", lê-se nos *Doze Passos*. "Será a primeira indicação *tangível* de nossa total disposição de tocar para frente."

O movimento mundial dos Doze Passos 117

Recomendo o excelente *Manual para o Inventário do Quarto Passo*, de Hazelden, baseado nos *Doze Passos*, às pessoas que desejam dar esse passo.

5. Admitimos perante Deus, perante nós mesmos e perante outro ser humano a natureza exata de nossas falhas.

"Mas, dificilmente, algum deles [dos Doze Passos] é mais necessário à obtenção da sobriedade prolongada e à paz de espírito do que este", afirma-se nos *Doze Passos*. No Quinto Passo, repassamos o que escrevemos em nosso Quarto Passo com alguém em quem confiamos. Para a maioria dos viciados, essa é a primeira vez em sua vida que receberão aprovação pelo que fazem. Depois de mostrarem o Quarto Passo à sua pessoa de confiança, em geral ficam sabendo que essa pessoa fez as coisas que eles fizeram — ou pior, muitas vezes. Eles não estão isolados por suas ações passadas. Atos que antes consideravam vergonhosos demais para pôr em palavras ganham perspectiva. Sem uma forma de expressão, constituem uma grande neblina amorfa; depois de assumir uma forma determinada num pedaço de papel e de comparados aos atos de outra pessoa, perdem seu poder de instilar medo e vergonha. Não é preciso mais se embriagar / drogar / comer / jogar / ter recaídas.

À medida que descreve seus créditos, vai descobrir que sua pessoa de confiança do Quinto Passo acredita mais em suas qualidades do que você! Já deve tê-las percebido, e não as descartou nem minimizou como você provavelmente fez.

A vergonha e a culpa paralisam as pessoas, e não apenas os viciados. O Quinto Passo diminui essas duas emoções debilitantes, de modo que você pode ir em frente.

A prática de admitir os defeitos para outras pessoas é antiga — antes dos terapeutas havia os padres. Os psiquiatras e psicólogos percebem a necessidade profunda que

118 *Vícios*

todo ser humano tem de visão prática e conhecimento de sua pessoa. Não é por acaso que os centros de tratamento de vícios em geral acompanham seus clientes até o Quinto Passo e depois os liberam para o mundo a fim de continuarem seu desenvolvimento.

6. Prontificamo-nos inteiramente a deixar que Deus removesse todos esses defeitos de caráter.

No Quarto e no Quinto Passo, identificamos nossos defeitos de caráter. Alguns deles levaram a recaídas no passado — e podem levar a outras. A maioria magoou a nós mesmos ou outras pessoas. Agora, estamos dispostos a fazer algo a respeito. Não precisamos saber o quê, só que estamos dispostos. As palavras-chave "prontificamo-nos inteiramente" destacam o fato de querermos um objetivo elevado. Os *Doze Passos* sintetizam claramente este passo:

> Muitos logo perguntarão: "Como é possível aceitar tudo em que implica o Sexto Passo? Ora — seria a *perfeição*!" Parece uma pergunta difícil de responder mas, a bem dizer, não é. Somente o Primeiro Passo, onde admitimos inteiramente nossa impotência perante [o vício], pode ser praticado com absoluta perfeição. Os outros Onze passos enunciam ideais perfeitos. São metas que contemplamos, e as medidas frente às quais estimamos nosso progresso. Sob este prisma, o Sexto Passo ainda é difícil, mas está longe de ser impossível. A única coisa urgente é que comecemos e sigamos tentando.

Para algumas pessoas, fazer terapia é o Sexto Passo e o Sétimo Passo postos em prática.

7. Humildemente rogamos a Ele que nos livrasse de nossas imperfeições.

"Humildemente" significa com a compreensão tanto de nossos créditos quanto de nossos débitos. Significa ver-nos como

O *movimento mundial dos Doze Passos* **119**

realmente somos. Não significa humilhação, uma palavra com a qual humildade é freqüentemente confundida.

Agora que podemos nos ver com muito mais clareza, depois do Quarto e do Quinto Passo, e nos dispusemos no Sexto Passo a eliminar nossos defeitos, lançamos os alicerces do futuro. Os *Doze Passos* dizem claramente que:

> (...) sem um certo grau de humildade, nenhum alcoólico poderá permanecer sóbrio. (...) Mesmo assim, quando tivermos olhado alguns desses defeitos de frente, discutido com outra pessoa a respeito deles, e estejamos dispostos a removê-los, nossa maneira de pensar a respeito da humildade começa a ter um sentido mais amplo. A esta altura, com toda a probabilidade, já teremos adotado medidas capazes de atenuar os obstáculos que mais nos prejudicam.
>
> Desfrutamos momentos em que sentimos algo parecido à verdadeira paz de espírito. Para aqueles de nós que, até então, conheceram somente a excitação, a depressão ou a ansiedade — em outras palavras, para todos nós — esta nova paz conquistada é uma dádiva de valor inestimável...
>
> [Apesar de que] a humildade houvesse, anteriormente, representado uma alimentação forçada, agora começa a significar o ingrediente nutritivo que nos pode trazer a serenidade.

Se a humildade que mostramos no Primeiro Passo, ao admitir que estávamos impotentes em relação a nosso vício, teve um efeito positivo, pode ter um efeito positivo sobre outros defeitos menores.

8. Fizemos uma relação de todas as pessoas a quem tínhamos prejudicado e nos dispusemos a reparar os danos a elas causados.

Os *Doze Passos* afirmam que:

> Os Oitavo e Nono Passos se preocupam com nas relações pessoais. Primeiro, olhamos para o passado e tentamos desco-

120   *Vícios*

brir onde erramos; então, fazemos uma enérgica tentativa de reparar os danos que tenhamos causado; e, em terceiro lugar, havendo desta forma limpado o entulho do passado, consideramos de que modo, com o novo conhecimento de nós mesmos, poderemos desenvolver as melhores relações possíveis com todas as pessoas que conhecemos.

O Oitavo Passo consiste em fazer uma lista das pessoas com quem temos dívidas — tendo em mente que você provavelmente deve mais a si mesmo do que a qualquer outra pessoa. Para mim, essa é uma lista de perdas. Faça uma lista de todas as suas perdas: não apenas mortes, mas também perda de relacionamentos, amizades, empregos, dinheiro e qualquer outra coisa que ainda o faz sofrer.

Depois de terminar, ponha um "R" ou um "I" na frente de cada item da lista. "R" significa remediável, "I" significa irremediável. Você vai ficar perplexo ao descobrir que muitas dessas perdas ainda são remediáveis. Não faça nada ainda. O Oitavo Passo é somente preparar uma lista, não tomar uma providência.

Você pode ter roubado alguém ou prejudicado pessoas de alguma outra forma quando estava nas garras do vício. Agora precisa fazer uma lista delas — você talvez já as tenha colocado em sua lista de perdas, sob o título de perda de relacionamento ou de emprego.

Uma boa razão para o Oitavo Passo não vir antes é que você precisa estar com a cabeça no lugar para saber a quem deve alguma coisa e a quem não deve. Por exemplo: eu tinha tão pouca auto-estima no início da minha recuperação que, se esbarrasse na porta, pediria desculpas à porta. Com as pessoas, era a mesma coisa: eu presumia que estava errada a respeito de tudo. Não estava. Depois que escrevi minha lista, descobri que não tinha tantas reparações a fazer quanto imaginava.

"É o começo do fim do nosso isolamento", dizem os *Doze Passos* sobre o Oitavo Passo.

O *movimento mundial dos Doze Passos*   121

9. Fizemos reparações diretas dos danos causados a tais pessoas, sempre que possível, salvo quando fazê-las significasse prejudicá-las ou a outrem.

A primeira coisa a lembrar sobre o Nono Passo é que ele vem depois do Oitavo Passo — não depois do Primeiro Passo. Você precisa de tudo o que conquistou com os oito primeiros passos para concretizar o Nono Passo corretamente.

A segunda coisa a lembrar é que manter distância de seu vício é a melhor reparação que você pode fazer a si mesmo e a todas as pessoas próximas. Quanto mais tempo ficar longe do seu vício, tanto maior a reparação.

A terceira é não fazer reparação alguma enquanto não tiver auto-estima suficiente para enfrentar as conseqüências; fazer uma reparação não é humilhar-se.

A quarta coisa é não esperar um determinado resultado de uma reparação. Não adianta nada, por exemplo, devolver o dinheiro roubado a um ex-patrão na esperança de recuperar o emprego. Não se trata disso. O Nono Passo está relacionado com o restabelecimento de sua consciência e de sua paz de espírito, para você não voltar a ter ansiedade.

A quinta coisa a lembrar é que uma reparação pode não assumir a forma que você está pensando. Por exemplo: roubar um ente querido não pode ser reparado pela devolução do dinheiro. Quando você roubou o dinheiro, roubou também a confiança e a paz de espírito dessa pessoa. Elas têm de ser restauradas. Você pode já ter percorrido um longo caminho nessa direção mantendo distância de seu vício até agora e assegurando a essa pessoa que pode continuar mantendo essa distância e o comportamento que lhe é associado.

A parte final do passo afirma que "salvo quando fazê-las significasse prejudicá-las ou a outrem". Se seu parceiro, por exemplo, está desfrutando neste momento uma paz de espí-

122   *Vícios*

rito recente por causa de sua recuperação, não a abale revelando casos com outras pessoas no passado. Se fizer isso, vai ter uma dívida ainda maior por causa dessa suposta reparação. Também é uma boa desculpa para uma recaída.

Finalmente, talvez você queira fazer uma reparação a uma pessoa, mas acha que isso é impossível porque ela está morta ou você não tem como encontrá-la. É possível uma reparação "aproximada", fazendo-a a alguma pessoa que esteja numa situação o mais parecida possível. Uma conhecida minha, por exemplo, queria fazer uma reparação a uma criança que abortara. Sua reparação foi cuidar de mães vulneráveis com crianças pequenas, uma reparação tanto à sua situação passada quanto ao filho que não nasceu. Outras pessoas escrevem cartas ou poemas para os mortos, ou realizam um desejo que eles possam ter tido.

10. Continuamos fazendo o inventário pessoal e, quando estávamos errados, nós o admitíamos prontamente.

O Décimo Passo é o único que fornece um "remédio de efeito rápido". Digamos que você brigou com alguém próximo. Pergunte a si mesmo se é mais importante ter razão ou preservar o relacionamento. Se você errou e consegue admitir isso para si mesmo, um rápido pedido de desculpas à pessoa com quem esteve discutindo pode salvar o relacionamento.

Você também pode salvar sua recuperação — o ressentimento é um prelúdio maravilhoso para uma recaída.

Uma boa idéia no início da recuperação é pôr no papel, pouco antes de ir para a cama, todos os pontos positivos e negativos do dia — os detalhes de como você pode fazer isso estão na página 78. Algumas pessoas fazem um inventário mais completo uma vez por ano ou a intervalos maiores, para terem uma verificação e uma idéia dos progressos

O *movimento mundial dos Doze Passos*   123

que estão fazendo. Esse tipo de inventário é chamado tanto de Décimo Passo como de Quarto Passo.

11. Procuramos, através da prece e da meditação, melhorar nosso contato consciente com Deus, na forma em que O concebíamos, rogando apenas o conhecimento de Sua vontade em relação a nós, e forças para realizar essa vontade.

Este parece o mais "fantasioso" de todos os passos e, no entanto, é o mais prático. Meia hora de meditação de manhã pode nos centrar pelo resto do dia. Uma caminhada ou uma meditação na praça depois de uma briga podem nos dar a objetividade necessária para pôr as coisas em perspectiva e nos inspirar com uma solução.

Este passo está relacionado com o soltar-se depois de todo seu trabalho anterior, de confiar. "Quando recusamos ar, luz ou alimento, o corpo sofre", explicam os *Doze Passos*. "Se virarmos as costas à meditação e à oração, também estamos negando às nossas mentes, emoções e intuições, um apoio imprescindível."

Para as pessoas que não gostam da idéia de rezar, esse passo recomenda o ponto de partida citado abaixo, criado por alguém que, embora não tenha se tornado conhecido por ser viciado, passou realmente pelo rolo compressor emocional pelo qual todos os viciados passam.

Senhor, faze de mim um instrumento da Tua paz — onde houver ódio, que eu leve amor; onde houver ofensa, que eu leve o espírito do perdão; onde houver discórdia, que eu leve a harmonia; onde houver erros, que eu leve a verdade; onde houver dúvida, que eu leve a fé; onde houver desespero, que eu leve a esperança; onde houver trevas, que eu leve a luz; onde houver tristeza, que eu leve a alegria. Senhor, faze com que eu procure mais consolar do que ser consolado; mais compreender do que ser compreendido; mais

124 *Vícios*

amar do que ser amado. Pois é esquecendo de si que a pessoa se encontra. É perdoando que se é perdoado. É morrendo que se nasce para a Vida Eterna.

São Francisco de Assis

12. Tendo experimentado um despertar espiritual, graças a estes passos, procuramos transmitir esta mensagem às [pessoas com nosso vício] e praticar esses princípios em todas as nossas atividades.

O "despertar espiritual" é a consciência física, emocional e mental que surge em todos os que levam a cabo um programa de recuperação e mantêm distância de seu vício.

"Transmitir a mensagem" também é conhecido como "dar o Décimo Segundo Passo". É quando as pessoas que estão em processo de recuperação ajudam viciados que estão sofrendo a dar o Primeiro Passo. É amor adulto, em contraposição a amor infantil, já definido neste capítulo.

Mais formalmente, algumas associações fazem plantões dos Doze Passos, em que os membros se apresentam como voluntários para atender o telefonema de um viciado que está em dificuldades, para visitá-lo e conversar com ele ou buscá-lo para uma reunião. É por isso que os recém-chegados nunca devem ter medo de pedir ajuda: estão ajudando outros membros a dar o seu Décimo Segundo Passo.

Os novatos que pensam que dar o Décimo Segundo Passo está além de suas forças podem concretizá-lo simplesmente participando das reuniões. Uma boa reunião depende do comparecimento de pelo menos dois membros. Cada participante de uma reunião ajuda todos os outros a virem. Isso é transmitir a mensagem.

"Praticar esses princípios em todas as nossas atividades" significa que vivemos os princípios desse programa. Os Doze Passos não são uma teoria ou uma opinião intelectual.

movimento mundial dos Doze Passos 125

São um modo de vida que consegue manter as pessoas longe de seus vícios perniciosos, fatais.

Como explicam os *Doze Passos*:

> Nossos problemas básicos são idênticos aos das outras pessoas, porém, quando AAs bem alicerçados se esforçam honestamente para "praticar esses princípios em todas as atividades", parecem ter a capacidade, pela graça de Deus, de não se atrapalhar, convertendo suas dificuldades em autênticas demonstrações de fé. Temos visto AAs sofrerem doenças prolongadas e fatais, quase sem queixa, permanecendo muitas vezes de bom humor. Freqüentemente temos encontrado reunidas de novo pela maneira de viver de A.A., famílias inteiras desintegradas pela incompreensão, tensão ou até infidelidade.

A satisfação de viver bem é o tema do Décimo Segundo Passo.[1]

---

1. Os textos dos *Doze Passos* foram publicados aqui com a permissão dos Alcoólicos Anônimos. A permissão de reproduzir os Doze Passos não significa que os AAs concordam com os pontos de vista apresentados aqui. O A.A. é um programa de recuperação do alcoolismo somente — o uso dos Doze Passos em relação a programas e atividades que seguem o modelo dos AAs, mas que tratam de outros problemas, ou em qualquer outro contexto, não implica o contrário.

CAPÍTULO 8

Recaídas e ajuda profissional

INTERVENÇÃO

As pessoas que quase sempre são as primeiras a reconhecer a necessidade de ajuda profissional são aquelas afetadas pelo comportamento de um viciado. Entretanto, qualquer tentativa de levar o viciado a reconhecer seu problema — quanto mais fazer algo a respeito — não raro depara não só com a negação do problema como também com raiva e até ódio.

O que você pode fazer? Pode, evidentemente, participar de reuniões para familiares e amigos de viciados para ajudá-lo a enfrentar seus sentimentos. Pode também tentar uma "intervenção" profissional.

Trata-se de uma reunião dos familiares, amigos íntimos e às vezes até do patrão — e possivelmente um "mediador" profissional —, em geral sentados em círculo, procurando persuadir o/a viciado/a de que ele/ela tem um problema e deve procurar tratamento. Todas as pessoas, uma de cada vez, falam sobre o quanto o viciado é importante para ele/ela — mas falam também do quanto foram prejudicados por um comportamento ou evento *específico* causado pelo viciado. Os viciados não acreditam em uma pessoa quando não querem acreditar. Porém, não podem negar as opiniões coesas de várias pessoas, expressas sem raiva e motivadas pelo amor e o desejo de ajudar.

Cerca de nove em dez intervenções conseguem levar o viciado a entrar em processo de recuperação. Até intervenções que não convencem o viciado a começar imediatamente sua recuperação plantam sementes para o futuro. Também dão aos familiares a sensação de que pelo menos tentaram.

128   *Vícios*

Uma intervenção bem-sucedida ajuda não só o viciado, mas também todos os outros presentes, porque finalmente podem dizer ao primeiro como foram atingidos pela doença, o que alivia seus sentimentos e frustrações com um grupo que não está fazendo juízo de valor. Ao reconhecer o problema pelo que é, podem dar passos para ajudar a si mesmos.

Antes de iniciar a intervenção, solicita-se a cada um dos presentes que prepare uma lista contendo eventos e comportamentos específicos que lhes causaram sofrimento. Quanto maior o número de fatos disponíveis, mais efetiva será a intervenção.

As crianças mais velhas e os adolescentes são participantes muito eficazes em uma intervenção. O mesmo não se aplica a crianças pequenas, das quais é preciso cuidar e que podem distraí-lo da tarefa em questão. Não convide pessoas que você suspeita terem elas mesmas um problema de vício, pois poderiam sabotar seus esforços. Tampouco convide pessoas que despertam a raiva do viciado, o que também poderia sabotar seus esforços.

É melhor pedir a um profissional para servir de mediador da reunião, pois ele tem a imparcialidade e a experiência necessárias para impedir que os ânimos se exaltem, não deixar que a conversa se desvie do tema, nem que haja distrações, manter as coisas em perspectiva, sintetizar frases e pensamentos longos, extrair informações relevantes e participar com conhecimentos especializados.

Marque uma reunião preliminar a fim de praticar com o profissional; assim você vai estar o mais preparado possível para a intervenção.

PSICOTERAPIA

O mediador pode concordar em assumir o viciado como paciente ou pode recomendar outro profissional, clínica de aconselhamento ou centro de tratamento. Uma alternativa

Recaídas e ajuda profissional   129

seria primeiro você ler tudo o que puder sobre centros de tratamento e escolher você mesmo o que julgar mais adequado.

É comum haver filas de espera, de modo que seria uma boa idéia telefonar para o centro antes da intervenção, explicar o que está fazendo e marcar o evento para uma data em que se espera uma vaga. Se a intervenção for bem-sucedida, você não vai querer desperdiçar uma oportunidade única enquanto espera pela vaga.

Se você for o viciado, talvez já tenha percebido que precisa de ajuda profissional depois de se surpreender em recaídas em seu comportamento viciado, a despeito de suas melhores intenções, e de tentar pôr em prática as recomendações deste livro. Procurar ajuda profissional não é sinônimo de fracasso. Às vezes há algo por trás do vício com que só um profissional tem condições de lidar.

Especialistas

Especialistas em prevenção de recaídas podem pedir a seus pacientes para se comprometerem com um trabalho de seis meses em sua recuperação — uma fatia pequena do resto de sua vida. Perguntam: "O que você pode fazer para tornar uma recaída mais difícil? Que tal fechar sua torneira de dinheiro? Cartões de crédito?" As sugestões são feitas pelo paciente.

Os pacientes analisam seus contatos com o álcool/drogas/comportamento viciado de sua vida. Remontam ao período pré-escolar, ao ambiente escolar e profissional em seu mapa psicológico. Consideram as amizades da infância e da vida adulta e as relacionam com o vício. Segue-se um diagrama das seqüências de recaídas. Gerald Deutsch, um especialista em prevenção de recaídas premiado pelo Cenaps,[1]

---

1. Cenaps (Centre for Applied Science [Centro de Ciência Aplicada]) é uma instituição que dá prêmio, à melhor qualificação em prevenção de recaídas.

afirma que, "segundo minha experiência, isso é um desafio tremendo para os pacientes".

Em seguida, cada episódio de recaída é pesquisado com mais detalhes. Reconstituir a história de uma recaída é vital. É por meio disso que podemos identificar os sinais de alarme ou "desencadeadores" da recaída, sejam externos, internos ou ambos. Depois, o paciente aprende a administrar esses sinais de alarme ou desencadeadores.

E o tratamento segue o seu curso: identificação do agente desencadeador, gerenciamento do agente desencadeador e plano de recuperação. O plano é avaliado de tempos em tempos por terapeuta e paciente. Leva em conta todos os aspectos de sua vida: trabalho, relações afetivas, atividades de lazer, ginástica, alimentação, saúde e diversão — exatamente como no Capítulo 6, mas com supervisão temporária.

É evidente que não é preciso haver numerosas recaídas antes de você procurar um conselheiro terapeuta para si mesmo ou para alguém próximo. Como escolher? Não vá, como poderia esperar, a uma instituição que representa psicoterapeutas ou conselheiros "em geral", alguns dos quais talvez nem reconheçam a necessidade de um aconselhamento especializado para viciados. Em vez disso, procure uma organização especializada, que poderá orientá-lo melhor.

A razão pela qual não recomendo um conselheiro ou terapeuta "em geral" nesse estágio é que eles próprios podem beber, tomar drogas ou ter algum comportamento viciado — como diversão ou não — e não saberem tratar de pessoas que têm de se abster totalmente. Também podem não constituir um modelo de abstenção.

Um terapeuta ou conselheiro "em geral" pode ser adequado quando você já estiver estabilizado em seu processo de recuperação e precisar resolver uma questão que é especialidade desse profissional. A essa altura, você já vai ter sólidos antecedentes de trabalho em recuperação e poderá se dar ao luxo de se tratar com alguém que vai se concentrar

Recaídas e ajuda profissional   131

em outra coisa. Quando eu já tinha quase seis anos de recuperação, comecei a me tratar com um desses profissionais porque estava tendo estresse pós-traumático desencadeado por uma situação *do momento*. Isso estava fora da alçada do aconselhamento para viciados.

No entanto, procure sempre um conselheiro ou terapeuta abstêmio. A propaganda de boca em boca ainda é a melhor recomendação. E, se puder escolher, escolha o profissional que parecer mais de bem com a vida, que tenha as emoções que você gostaria de ter. Se seu terapeuta consegue curtir a vida sem vícios, é um bom sinal para seus pacientes de que existe uma vida prazerosa sem vícios.

Pergunte a seu terapeuta também se ele concorda com os programas dos Doze Passos. Se não concordar, ele estará excluindo uma grande rede de apoio ao viciado que pode ajudá-lo tanto durante a terapia como depois que esta terminar.

Alguns terapeutas trabalham em consultórios particulares; há ainda os que atendem em uma clínica, junto com outros profissionais.

Direitos e responsabilidades

A Standing Conference on Drug Abuse (Comissão Permanente sobre Abuso de Drogas) do Reino Unido publicou uma *Declaração de Direitos e Responsabilidades do Usuário de Drogas em relação aos Serviços que lhes São Prestados*. Destinada a usuários de drogas, aplica-se a todos os viciados em busca de ajuda profissional. Afirma que o prestador dos serviços — terapeuta/conselheiro ou clínica — tem a obrigação de explicitar ao viciado seus direitos e responsabilidades.

Um usuário de serviços prestados a viciados tem direito a:

- Avaliação da necessidade individual no de um prazo número especificado de dias úteis.

132 *Vícios*

- Acesso a serviços especiais dentro de um prazo de espera máximo (e direito de acesso imediato depois de sair da prisão).
- Informações completas sobre opções de tratamento e todos os dados necessários para tomar decisões relativas a esse assunto.
- Um plano de tratamento individual e participação e revisão desse plano.
- Respeito à privacidade, dignidade e sigilo, bem como explicação de quaisquer circunstâncias excepcionais nas quais as informações serão divulgadas a terceiros.
- Uma segunda opinião, em consulta com um médico, quando encaminhado a um profissional.
- Elaboração de acordos entre o prestador de serviços e o usuário, especificando claramente o tipo de serviço a ser prestado e os padrões de qualidade esperados.
- Desenvolvimento da defesa de seus direitos.
- Um sistema efetivo de reclamações.
- Informações sobre grupos de auto-ajuda e grupos de defesa dos direitos do usuário de drogas.

As responsabilidades de um usuário para com o prestador dos serviços incluem:

- Aceitação das regras "da casa" e das regras de comportamento definidas pelo prestador de serviços, como não usar drogas no recinto, tratar a equipe com dignidade e respeito e observar oportunidades iguais e a política de não fumar.
- Responsabilidades específicas relacionadas com a estrutura de um plano de tratamento ou acordo de tratamento, por exemplo, chegar na hora marcada e observar os regimes de medicação indicados para cada caso.

À lista dos direitos poderia ser acrescentada a escolha do gênero do terapeuta, quando for o caso. Por exemplo: é

Recaídas e ajuda profissional 133

melhor se tratar com um conselheiro ou terapeuta que não seja do mesmo sexo que a(s) pessoa(s) que maltratou(ram) o viciado no passado, uma vez que isso atrapalha a tarefa de reconstituir sua confiança. Os pacientes pertencentes a minorias étnicas talvez queiram um terapeuta sensível a questões culturais. É particularmente difícil conseguir ajuda profissional para muçulmanos alcoólatras, por exemplo, pois, além da vergonha habitual do viciado, essa religião, para começo de conversa, proíbe a ingestão de álcool. Essa questão precisa ser levada em conta.

Terapia de grupo

As clínicas podem oferecer terapia de grupo, que pode ter início imediatamente ou depois de o paciente aprender a confiar e expor-se em sessões individuais com um terapeuta. Quando você procura uma clínica ou um terapeuta, eles avaliam suas necessidades e decidem que tipo de terapia será melhor e que terapeuta é mais apropriado para o seu caso. Essa avaliação inclui se a terapia individual é ou não mais apropriada que a terapia de grupo para cada caso.

Normalmente a terapia de grupo tem a participação de até dez pessoas, em geral sentadas em círculo para se verem, com um ou dois terapeutas, chamados de "mediadores" ou "egos auxiliares" — essa denominação destaca o fato de que procuram facilitar o trabalho de grupo, não dirigi-lo. Em outras palavras, incentivam os membros a interagir uns com os outros, dirigindo o grupo somente quando necessário.

É decidido de antemão se cada grupo é fechado ou aberto. No primeiro, há um número predeterminado de sessões, entre seis e doze. As mesmas pessoas começam e terminam a terapia de grupo juntas e não se admite a presença de novatos. A reunião do grupo também pode girar em torno de um tema específico.

134   *Vícios*

Um grupo aberto pode continuar se encontrando por tempo indeterminado e tratar de um grande leque de assuntos. Permite que novas pessoas entrem e saiam, de modo que o perfil de seus membros está sempre mudando.

Os grupos consistem em pessoas que têm problemas com vícios semelhantes. Ninguém é melhor nem pior que ninguém: são todos iguais. Estão prestes a descobrir juntos que têm soluções semelhantes para seus problemas.

Um membro pode começar a sessão falando a respeito de um problema específico, tanto do passado como do presente. O mediador pergunta se gostaria de ter *feedback* (retorno) dos demais membros a respeito. Se o primeiro concordar, os demais membros contam sua experiência de problemas e/ou emoções parecidos, enfatizando o que tiverem em comum com o que o primeiro orador contou. Os outros podem já ter encontrado uma solução e partilhá-la.

A terapia de grupo permite a cada membro aprender a se vincular com gente parecida. Ajuda-o a fazer amizades saudáveis. Ajuda-o a se abrir honestamente diante de outras pessoas. Elimina a vergonha paralisante de atos passados, pois ele fica sabendo que outros fizeram coisas semelhantes. Ajuda-o a ver com mais clareza como os outros reagem a ele. E ajuda-o a enfrentar os outros com gentileza e amor. Em resumo, é um bom exercício para a vida fora do grupo.

INTERNAÇÃO

Há situações em que uma avaliação mostra que um viciado precisa mais de um tratamento como interno do que apenas durante o dia. Esse tipo de tratamento divide-se em dois tipos: o primeiro e o segundo estágio.

Primeiro estágio

Pode durar de quatro a oito semanas, dependendo dos recursos, do lugar para onde você vai e do progresso que fizer. O progresso não depende de avanços intelectuais: está relacionado com a aceitação dos danos causados por seu vício e com a capacidade de entrar em contato com seus sentimentos.

As unidades do primeiro estágio em geral são mistas em termos de sexo. A maior parte do trabalho é feita em sessões de grupo, da forma já descrita. Uma combinação de psicoterapias é utilizada para se conseguir uma abordagem holística: fazer com que mente, corpo e emoções trabalhem juntos. É quando os clientes entram em contato com seus sentimentos que se sentem completos. O vazio, o vácuo, que teve de ser preenchido com uma coisa qualquer — até mesmo com substâncias viciantes e perigosas — não existe mais.

Tais unidades, que se baseiam — às vezes mais rigorosamente, às vezes menos — no "Modelo Minnesota", ligam suas abordagens psicoterapêuticas aos primeiros cinco Doze Passos descritos no Capítulo 7 e asseguram as condições para que os residentes participem das reuniões dos Doze Passos durante sua estada. Assim, quando os residentes forem embora, vão se sentir à vontade em reuniões e se beneficiar de seu apoio pelo tempo que quiserem após terminado o tratamento. As pesquisas mostram que quase todos os ex-internos que freqüentam as reuniões dos Doze Passos mantêm distância de seu vício depois do tratamento.

Essas unidades também oferecem ioga, meditação e outros métodos de relaxamento, de modo que os internos podem aprender a respirar adequadamente e tomar mais consciência de seu corpo. Em geral situam-se no interior, onde os internos podem fazer caminhadas em lugares muito bonitos. Isso introduz um elemento de espiritualidade na consciência das pessoas em tratamento.

136   *Vícios*

Por causa do intenso trabalho interno que têm de fazer no primeiro estágio do tratamento, os internos ficam isolados do mundo externo, para que este não possa interferir. Assim, aprendem realmente o significado de "ater-se ao dia de hoje", pois não têm permissão de considerar mais nada além disso.

Os internos em geral terminam o estágio com o Quinto Passo, que lhes permite ir em frente com uma base de autoconhecimento, inclusive com a identificação dos desencadeadores de recaídas.

Às vezes, os internos do primeiro estágio descobrem questões que precisam ser mais investigadas antes de poderem manter distância de seu vício. Uma mãe pode ter tantas responsabilidades em relação à família, por exemplo, que precisa aprender a lidar com elas antes de voltar para casa. Outros podem achar que, se voltarem para a pessoa com quem vivem e que se droga, vão ter uma recaída e precisam de tempo para tomar uma decisão bem pensada e agir a respeito disso. Há ainda os que podem ter descoberto problemas de maus-tratos infantis que os deixaram sujeitos a essa situação; precisam de tempo e proteção enquanto os exploram melhor.

Segundo estágio

Em qualquer desses casos, o segundo estágio do tratamento pode ser recomendado. Você não precisa tomar nenhuma decisão a respeito enquanto não estiver prestes a terminar o primeiro estágio.

O segundo estágio do tratamento é menos intenso que o primeiro. Pode haver uma sessão de terapia de grupo por dia em vez de três. Pode até haver apenas uma por semana. Há pelo menos uma sessão individual de aconselhamento por semana. Nessa etapa, muitas unidades também reco-

Recaídas e ajuda profissional   137

mendam que o interno freqüente reuniões de grupos dos Doze Passos para continuar a ter apoio quando for embora. É nesse momento que os internos aprendem a tomar de novo as rédeas de sua vida. De uma distância segura, preparam a si mesmos e à sua família, o trabalho ou outras situações para seu retorno. Há muita ênfase nos limites e na forma como devem ser usados no lar e nas situações de trabalho. É possível aprender muitas coisas importantes para a vida, inclusive o treinamento necessário para uma carreira profissional. Se o primeiro estágio criou uma planta de engenharia para o futuro, o segundo estágio lança os alicerces.

Muitos viciados talvez tenham medo de não receber o tratamento adequado por terem perdido todo o seu dinheiro com o vício. Mas, hoje em dia, alguns tratamentos podem, ser financiados pelos seguros-saúde, pelos empregadores ou pela previdência social — embora esta última tenda a ter filas de espera maiores. Seu conselheiro pode sugerir o lugar adequado onde se tratar.

INDÍCIOS DE SUCESSO

Nada garante uma recuperação completa por meio do tratamento. No entanto, um centro que faz o primeiro estágio do tratamento no Sul da Inglaterra, a Broadreach House, contratou um pesquisador independente para avaliar seus arquivos de mais de 2 mil pacientes a fim de verificar quais eram os denominadores comuns nos pacientes que levaram o tratamento até o fim. Os resultados, que são semelhantes aos de pesquisas realizadas em outros centros, foram os seguintes:

1. O indício mais significativo para saber se um paciente vai completar o tratamento é o envolvimento da família, por menor que seja.

138 *Vícios*

2. Quanto mais elevado o *status* do emprego mais recente do cliente, melhor o resultado.
3. As mulheres têm mais probabilidade de terminar o tratamento (talvez devido à tendência de conselheiras mulheres serem mais bem-sucedidas).
4. Os alcoólatras têm mais probabilidade de terminar o tratamento do que os usuários de outras drogas (o que talvez se deva a seu *status* sócio-econômico mais elevado).
5. Quanto maior o número de anos em que o cliente esteve viciado, melhor o resultado.
6. Quanto menor a espera para começar o tratamento depois de tomada a decisão, tanto mais provavelmente o cliente irá até o fim.
7. O contato anterior com um grupo de auto-ajuda é útil — um contato pequeno é melhor do que um muito freqüente, que é melhor do que nenhum.

Os dois Apêndices seguintes discutem o tratamento para grupos especiais: adolescentes, pessoas obrigadas a fazer o tratamento e pessoas com outros transtornos mentais ou com deficiência física.

CONCLUSÃO

Mude o futuro

Se você leu este livro até agora — parabéns! Mostra uma grande determinação em ter êxito.

Você tem em mãos um conhecimento que, infelizmente, muitas gerações antes de nós não tiveram. Você não pode mudar a história passada, mas pode mudar o futuro — e não só o seu. Suas ações positivas de recuperação afetarão todos os seus familiares que poderão ver ou ficarem sabendo da diferença. Suas relações afetivas vão mudar para melhor e serão com pessoas que lhe farão bem. Se tiver filhos, poderá lhes dar uma vantagem na vida transmitindo-lhes seu conhecimento recém-adquirido.

Há muitas pessoas que disseram abertamente que não teriam ganho seus Oscars ou Emmys sem a recuperação e o apoio de seus companheiros dos grupos de auto-ajuda. Com seu talento, deram mensagens positivas para milhões de pessoas. Há outras em processo de recuperação, que dão aulas, que são enfermeiras e médicos, que ajudam pessoas no sistema jurídico, que dão emprego, que criam filhos, que entram na vida dos leitores com o que escrevem... A lista é interminável.

As pessoas em processo de recuperação são um grande talento, um talento de valor inestimável. O mundo é mais rico por tê-las. Seja bem-vindo.

APÊNDICE I

Casos especiais — Crianças e adolescentes

A mãe de uma criança de três anos perguntou-me quando devia começar a educar o filho a respeito de drogas. "Agora", respondi.

SHARON SEABORNE
Diretora do Programa de Educação nas Escolas
Drug & Alcohol Foundation, Londres

Qualquer pai ou mãe que queira agir da melhor meneira possível para evitar que seus filhos se tornem viciados devem fazer um esforço consciente a fim de saber quatro coisas:

- Comunicar-se com seus filhos
- Deixar os filhos expressarem seus sentimentos
- Dar limites
- Esclarecer o que é o vício

Depois de ler todos os capítulos deste livro, você já terá feito grandes incursões nos dois últimos itens citados acima. Talvez também seja necessário algum conhecimento sobre a droga específica que o grupo dos colegas de seu filho está experimentando. Hoje em dia existem panfletos, em geral gratuitos, distribuídos pelos departamentos de saúde dos governos.

Ao aprender a expressar seus sentimentos ao longo dos capítulos anteriores, você também deu importantes passos no sentido de permitir que seus filhos expressem os deles.

142   *Vícios*

Portanto, chegamos à comunicação com seu filho, algo que nunca começa cedo demais.

PREVENÇÃO

Até recentemente, pensava-se que o governo australiano tivesse sido o primeiro a elaborar programas de prevenção ao uso de drogas e álcool destinados a crianças, da mesma forma como liderou a divulgação de informações sobre esses temas no currículo escolar. Mas, aparentemente contra toda lógica, as pesquisas mostraram que isso acelerou a experimentação de drogas entre as crianças. O que descobrimos é que *a forma* de transmitir a informação é vital. Por exemplo: um viciado em processo de recuperação que visita escolas para falar sobre seu vício e sua recuperação tem mais credibilidade junto aos escolares do que um professor fazendo um sermão.

Os adolescentes e as crianças pequenas enfrentam hoje grandes desafios que as deixam vulneráveis ao vício e que não existiam na época em que seus pais freqüentaram a escola: a grande disponibilidade de drogas que alteram o humor e a consciência, a pressão dos colegas para ser "aceito" por usá-las, a pressão dos colegas para ser aceito arranjando um/a namorado/a muito cedo na puberdade, a separação de famílias e famílias "misturadas", quando ambos os pais se casam de novo. Como sempre, há também conflitos familiares, e um ou ambos os pais viciados ou disfuncionais, com todo o dano que esses problemas podem causar a seus filhos.

Há, evidentemente, uma diferença entre crianças que abusam de drogas e álcool — e que podem abandoná-los no curso de seu amadurecimento — e as que têm uma tendência a se viciar neles. Para se tranqüilizar em relação ao que fazer, veja a lista nas páginas 148-9 deste apêndice.

Casos especiais — crianças e adolescentes 143

Os pais precisam preparar-se para a adolescência de seus filhos, ter consciência de que eles estão prestes a formar uma personalidade mais autônoma e construir uma ponte que os conduza da infância para a vida adulta. As informações destas páginas, até a página 146, são dadas a partir da experiência da dra. Kathy Hirsch, psicóloga clínica de Nova York especializada em crianças, adolescentes e desenvolvimento familiar.

Os adolescentes passam por mudanças psicológicas e físicas óbvias. Uma pesquisa norte-americana mostrou que pais despreparados para essas mudanças sofrem uma deterioração da saúde mental por causa disso. Medidas preventivas são necessárias.

À medida que as crianças passam pela puberdade e adolescência, a auto-estima torna-se um fator da maior importância para a forma que sua vida futura terá. E a auto-estima é moldada aqui por três fatores: aparência, popularidade e inteligência.

A imagem corporal das pessoas geralmente é formada na adolescência e vai acompanhá-las pelo resto da vida. Se acham que são gordas, sempre se verão gordas, por mais esbeltas que estejam (você pode ver o potencial que isso tem para uma anorexia).

A popularidade depende do grupo de colegas. Quando se sentem inadequados, podem mostrar isso bancando o palhaço, por exemplo, ou usando drogas e álcool. Se a encenação lhes dá uma imagem mais "bem-sucedida" junto ao grupo, vão continuar com ela.

Se você acha que seu filho está encenando um personagem qualquer, precisa identificar e tratar as questões com as quais ele está lutando — como sentir-se burro na escola — para entender e corrigir seu comportamento.

O grupo de colegas de uma criança faz parte de sua identidade. As crianças de doze a treze anos são as mais suscetíveis a influências externas como essas. Descubra

144 *Vícios*

como um determinado grupo trata o seu filho, para você poder incentivar ou desestimular sua influência.

Essas crianças estão aprendendo novas qualificações sociais e estão fazendo novas amizades. Os pais vêem isso como perda de poder, acham que seus filhos estão abandonando os valores que lhes ensinaram. Não entre em pânico. A influência do grupo de colegas diminui depois que a criança passa dos doze, treze anos. Elas não estão se separando dos pais. Estão se ligando a eles de outra forma.

Nessa fase, os pais sentem uma dificuldade extrema em se comunicar com os filhos em processo de desenvolvimento — e os adolescentes sentem o mesmo a respeito dos pais.

Como gostaria que as pessoas lhe respondessem quando você está irritado? Os adolescentes precisam da mesma consideração. Se você não consegue expressar seus sentimentos, vai se sentir constrangido se permitir que seus filhos expressem os deles.

Comunique-se com seu filho

Sete formas usadas pelos pais que cortam a comunicação com seus filhos em vez de instaurá-la foram identificadas por Don Dinkmeyer e Gary McKay em *The Parents' Handbook* (O Manual dos Pais).

O comandante-em-chefe

Frases típicas incluem "Cale a boca", "Controle-se" e "Dê o exemplo". A ênfase é no autocontrole, não na criança falar sobre o que está acontecendo.

O moralista

Palavras e frases típicas incluem "É obrigatório" e "É proibido", assim como ordens para a criança ter sentimentos

Casos especiais — crianças e adolescentes 145

"apropriados" ou "bons" — isto é, sentimentos com os quais o adulto se sente à vontade. Essa atitude também despreza os sentimentos da criança e acaba com a conversa. Se isso acontece agora, como você vai poder tratar de assuntos mais importantes — como o vício — mais tarde?

O sabe-tudo

O pai ou a mãe passa sermões, apela para a razão, mostra que é superior à criança.

O juiz

O pai ou a mãe considera a criança "culpada" sem um julgamento; o pai ou a mãe está sempre certo, e a criança, sempre errada.

O crítico

O pai ou a mãe ridiculariza, xinga e usa sarcasmos e piadas.

O psicólogo

O pai ou a mãe tenta afastar os sentimentos analisando-os, em vez de permitir que simplesmente sejam o que são.

O consolador

O pai ou a mãe evita o envolvimento tratando as emoções levianamente: dá um tapinha nas costas e diz "As preocupações vão acabar" ou "Há outras crianças em uma situação muito pior que a sua".

Como esperar que seus filhos de repente se abram a respeito de drogas ou outros vícios quando sua experiência tem sido a de que você corta a comunicação com elas, da

146   *Vícios*

forma mostrada acima? Assim que mudar de atitude, você já terá começado seu trabalho de prevenção ao vício.

A seguir, uma base para você se comunicar com seus filhos.

Tenha o respeito mútuo como objetivo

Expresse-se honestamente, sem medo de rejeição, e permita que seu filho faça o mesmo. Você pode discordar do que seu filho está dizendo, mas admita os sentimentos.

Ouça

Ouça mantendo olho no olho. Concentre-se. Use a linguagem corporal para dizer "Estou ouvindo", como inclinar-se para a frente e/ou ficar de frente para a criança.

Observe

Observe formas não-verbais de comunicação: expressões faciais, linguagem corporal, tom de voz, aparência geral, respostas a outros, atitudes, quem senta perto de quem.

Confirme

Faça-os saber que você os escutou. Reflita e esclareça os sentimentos deles. Reafirme-os, para que seu filho se sinta aceito. Por exemplo: seu filho pode chegar em casa um dia queixando-se de que "Meu professor é injusto; nunca faço nada certo". Sua resposta poderia ser: "Você está irritado e decepcionado; você parece ter desistido". Assim você abre a comunicação.

Feedback

Você ouviu, esclareceu e confirmou os sentimentos de seu filho com seus comentários. Repita isso com a próxima resposta de seu filho (isso se chama *feedback*).

Casos especiais — crianças e adolescentes   **147**

Eduque

Dê informações básicas sobre o vício e a codependência de uma forma que a criança possa entender. Ajude-a a perceber que os problemas familiares não são culpa dela; apresente-lhe formas de vida saudáveis, inclusive a identificação e a expressão de sentimentos, a capacidade de resolver problemas, estratégias de cuidados consigo mesmo e exercícios que aumentem a sensação de ter valor.

Dê-lhes poder

Ajude as crianças a identificar pessoas que oferecem segurança e para as quais podem se voltar em busca de apoio e orientação. Ajude-as a perceber que não estão sozinhas.

Respostas abertas × fechadas

Numa resposta fechada, a criança não se sente ouvida nem compreendida. Você pode achar que respondeu, mas cortou as linhas de comunicação — reveja as sete posturas dos pais. Uma resposta aberta reflete a mensagem de quem fala e permite que a comunicação se amplie.

Ouça e reflita antes de reagir

Deixe seus filhos aprenderem. Resista ao impulso de impor suas próprias soluções. À medida que se tornam adolescentes, as crianças ainda precisam de apoio, mas a orientação e o *feedback* substituem as exigências e diretrizes.

A adolescência é um desafio mais fácil para os pais que conseguem se manter ativos e envolvidos com seus adolescentes. Estes precisam de uma figura de autoridade, não de uma figura autoritária. Precisam sentir que contribuíram para as regras. Portanto, concorde com "um conjunto de regras da família" em que as crianças têm alguma partici-

148   VÍCIOS

pação, mas os pais tomam a decisão final. É muito mais provável que obedeçam a essas regras.

É aqui que entram os limites (ver o Capítulo 5). As crianças precisam entender que quebrar as regras tem conseqüências. O álcool e as drogas entram nessa categoria. Discuta-os com seus filhos junto com outras regras, não como um assunto específico.

Por que as crianças são atraídas pelas drogas? Por que as experimentam? Seguem algumas respostas dos pacientes da dra. Hirsch:

- Para escapar
- Sinto-me invencível
- É divertido
- Para ser aceito por meus amigos
- É difícil dizer não a meus amigos
- É bom
- Sinto-me como se fosse adulto
- Me relaxa

A resposta das crianças que não usam drogas é "Medo de decepcionar meus pais". A resposta à pergunta sobre a diferença entre eles e seus amigos que usam drogas é "Converso com meus pais". Uma linha aberta de comunicação é vital para tentar evitar o vício.

RESUMO DAS MEDIDAS DE PREVENÇÃO AO VÍCIO

1. Comece a falar do assunto cedo, e fale sempre.
2. Espere pelos momentos em que seus filhos estão receptivos, mas não fique esperando para sempre.
3. Ouça seus filhos; faça-se de espelho para eles e esclareça o que estão dizendo.
4. Forme um "grupo de checagem" com outros pais (por exemplo, se seu filho diz que "todo mundo"

Casos especiais — crianças e adolescentes 149

vai a uma determinada festa, cheque com os outros pais).
5. Ensine seus filhos a expressarem seus sentimentos.
6. Não ameace; isso só diminui a credibilidade.
7. Faça um teatro com eles representando situações em que os amigos oferecem drogas, em que os adolescentes ficam bêbados etc.
8. Respeite o comportamento de seus filhos quando eles dizem "não" e se tornam independentes.
9. Elogie seus filhos quando eles têm razão e estão indo bem.
10. Use adjetivos positivos, referindo-se, por exemplo, ao comportamento "maduro" deles.
11. Desenvolva interesses comuns; vá a eventos comunitários, esportivos, peças de teatro e filmes com seus filhos.
12. *Seja um bom modelo* — as crianças fazem o que os pais fazem, não o que eles lhes dizem para fazer!

INDÍCIOS DE ABUSO DE DROGAS NA ADOLESCÊNCIA

- Queda no rendimento escolar
- Afastamento
- Fadiga crônica/letargia
- Perda de interesse por *hobbies*/esportes
- Mudança no relacionamento com os pais
- Mentiras crônicas a respeito de aonde vai
- Desaparecimento súbito de objetos de valor e dinheiro em casa
- Mudanças de humor sem nenhuma causa discernível
- Explosões de hostilidade inexplicáveis
- Tosse seca crônica que irrita a garganta/dor de garganta
- Conjuntivite crônica inexplicável
- Comportamento rebelde

150 *Vícios*

- Isolamento
- Mudança de amigos

Pode ser uma surpresa saber que o período entre três e seis da tarde é quando os adolescentes têm mais probabilidade de sucumbir ao álcool, às drogas e ao sexo. Porque é provável que não estejam sendo supervisionados, pois as aulas já terminaram, mas os pais ainda não voltaram do trabalho.

VOCÊ ENCONTROU DROGAS/ÁLCOOL NO QUARTO DO SEU FILHO: O QUE FAZER?

- Não entre em pânico.
- Não grite.
- Espere 24 horas antes de dizer qualquer coisa e pense muito bem no que quer dizer.
- Converse com um amigo de confiança, obtenha *feedback*, procure alguém que possa ajudar.
- Converse com seu filho.
- Colete informações: quem, o quê, quando, onde, por quê.
- O castigo funciona melhor sob a forma de restrição aos privilégios, como o uso do telefone. Dê a seu filho a possibilidade de se redimir aprendendo a reconquistar esses privilégios. Ensine a ele que esse comportamento traz conseqüências.
- Procure ajuda profissional.

CRIANÇAS DE FAMÍLIAS DE ALTO RISCO

As crianças de famílias em que o vício já existe são particularmente vulneráveis a se tornar viciadas elas também. Um profissional que se especializou em prevenção/intervenção em favor de crianças de famílias extremamente estressadas

Casos especiais — crianças e adolescentes   151

e de alto risco é Jerry Moe, diretor do programa para crianças do Centro de Tratamento de Vícios em Sierra Tucson, no Arizona, e vice-presidente da *National Association for the Children of Alcoholics* (Associação Nacional de Filhos de Alcoólatras). Diz ele que:

> O primeiro conceito que as crianças têm de aprender é que o vício e a codependência são uma doença da família; todos os membros da família podem ser atingidos por ela. Os outros dois conceitos-chave são que o vício e a codependência da família não são culpa delas e que elas próprias correm um grande risco de se tornarem viciadas e codependentes.

Jerry Moe instila os três conceitos-chave nas crianças e as ajuda a perceber que não são as únicas nessa situação, que muitas outras vivem em famílias com problemas de vício e codependência.

O primeiro dia desse programa é chamado de "não é culpa minha" e diz respeito ao vício e à codependência da família. O segundo dia é "todos os meus sentimentos são legítimos". O terceiro é "cuidar de mim", que trata da resolução de problemas e do cuidar de si mesmo. O quarto é o dia de "sou especial" e trata do desenvolvimento da autovalorização.

Para ele, o mais importante de tudo é amar essas crianças.

Jerry Moe escreveu um livro que pode ser usado por pais, professores e terapeutas — *Discovery, Finding the Buried Treasure* (Descoberta, encontrando o tesouro enterrado) — com exercícios que você pode fazer com crianças a partir de quatro anos de idade.

ABUSO E VÍCIO

Alguns pais fecham os olhos para o uso de álcool e até de drogas "recreativas" por seus filhos. Mas as substâncias

152   *Vícios*

que alteram o humor / a consciência vão retardar seu desenvolvimento. O mais importante ainda é que podem ter conseqüências permanentes devidas a comportamentos irresponsáveis quando se encontram sob sua influência. Pegar o carro escondido e andar em alta velocidade depois de beber, engravidar ou contrair uma doença venérea, inclusive HIV, e morrer em função do Ecstasy são alguns que logo vêem à mente.

Pode ser difícil distinguir abuso e vício nos adolescentes, já que eles não têm uma história longa o suficiente de abuso da substância para se chegar a um diagnóstico definitivo. Talvez ajude procurar as seguintes características, identificadas por Tammy Bell, que trabalha com adolescentes desde 1981. Conferencista e consultora, ela é diretora dos serviços de prevenção a recaídas do Cenaps Corp e membro do *Adolescent Treatment Consortium*.

- Evidência de tolerância e sintomas de abstenção (ver o Capítulo 2).
- Preocupação mental e "sentimento de necessidade"; a preocupação inclui idéia de procurar, planejar, usar realmente, repetir euforicamente e se recuperar dos efeitos.
- Qual é a intensidade do desejo de lançar mão do vício?
- Pelo que o adolescente está disposto a passar para exercer seu vício?
- O que está disposto a perder?
- Como o uso da substância afetou seu interesse em outras áreas da vida?
- Perda de controle.
- Incapacidade de parar, apesar das conseqüências.
- Tentativas de mudar as circunstâncias, não o uso da substância.
- Existe predisposição genética?

Casos especiais — crianças e adolescentes   153

É importante identificar a diferença o mais cedo possível, para que os viciados possam receber o tratamento apropriado.

Bell cita a importância avassaladora dos grupos de colegas. Os adultos, por mais coisas que tenham em comum com os adolescentes por causa do vício, não substituem um grupo de pessoas da mesma idade. Portanto, as reuniões mistas de auto-ajuda, com adultos e tratamento orientado para adultos, não atraem os adolescentes.

Para contornar essa situação, Bell recomenda que se peça a um membro dos AAs para acompanhar um adolescente em suas primeiras reuniões. Recrute um padrinho temporário para orientá-lo durante um período de quatro a seis semanas. Esse padrinho pode freqüentar as reuniões junto com o adolescente, participar de discussões depois das reuniões para ajudá-lo a entender conceitos confusos e a relacionar os conceitos ao grupo de colegas do adolescente, aos amigos da escola, pais e outros.

TÉCNICAS PARA PESSOAS "OBRIGADAS" A FAZER TRATAMENTO

Para contornar a aversão ao tratamento destinado a adultos, Bell faz um "pré-tratamento" semanal de seis sessões, ou programa para "motivar a recuperação". Essas medidas também podem ser usadas por pessoas condenadas por tribunais de justiça a fazer tratamento e outras "obrigadas" a fazê-lo. Conta com três temas principais:

1. Fazer a pessoa ver as conseqüências do uso de drogas/álcool em sua vida
2. Fazer a pessoa desistir de sua crença de que pode controlar o uso da droga/álcool
3. Abstenção controlada

154 *Vícios*

Trabalhando com o primeiro item, um grupo de adolescentes é encorajado a fazer um *brainstorm* (todos pensando coletivamente) para ver se conseguem detectar os problemas correntes e colocá-los no papel; de dez a catorze é uma boa quantidade. Até então, os adolescentes acreditam que sua vida é normal e que seus problemas não têm relação alguma com o fato de usarem álcool ou drogas. Acham que adultos "histéricos" ou "exagerados" estão obrigando-os a fazer um tratamento. Não tiveram tempo para avaliar o uso que fazem da substância.

Bell não menciona as substâncias que alteram o humor/consciência nesse estágio. Em vez disso, tudo o que ela pede é que os pacientes estudem a lista e vejam se podem descobrir a causa dos problemas.

Na segunda sessão, ela pede a lista de problemas de volta e dá ao paciente outra folha de papel com o título "Causas". É impossível que as substâncias químicas não apareçam muitas e muitas vezes — mas sugeridas pelos pacientes, não por Bell. O dever de casa é simplesmente elaborar a forma de resolver os problemas.

Ao fazer a ligação com os problemas da vida, descubra quais são importantes para os pacientes — ser expulso da escola, por exemplo, pode não ser, mas reaver um/a namorado/a pode!

Quase todos os clientes voltam para a terceira sessão sugerindo que precisam "reduzir" a droga/comportamento viciado. Quando o adolescente apenas usa sua droga socialmente, isso funciona. Se não funcionar, você provavelmente tem um viciado nas mãos.

Os adolescentes — como muitos adultos — precisam tentar o controle antes da abstenção. Temos de respeitar isso, porém sem encorajar. Eles precisam descobrir por si mesmos do que podem se livrar e do que não podem, de modo a ficarem mais motivados a tomar uma providência em relação a seu hábito. Se você lhes disser que o controle

Casos especiais — crianças e adolescentes   155

não funciona para viciados, eles podem apenas ter uma reação contrária. Dessa forma, o primeiro sinal de alarme soa. Haverá um pequeno e relutante reconhecimento da situação. Isso é muito mais importante que qualquer sermão sobre o vício.

Bell recomenda que não se recompensem pacientes dóceis, nem que se castiguem aqueles que são honestos sobre suas recaídas. Estes últimos são os melhores pacientes, pois estão vivenciando conscientemente as conseqüências do abuso das substâncias químicas.

Nesse estágio, ela e o paciente traçam juntos um plano de ação "agora que sabemos que você não consegue controlar seu vício". Podem sugerir a abstenção por um período limitado, talvez para provar algo a uma determinada pessoa, como um juiz ou um dos pais. Antes de saírem da sessão com o plano de ação e antes de tentarem, Bell arranca-lhes uma promessa. "Você acha que pode conseguir. Mas, se por um motivo qualquer não conseguir, me promete uma coisa? No caso improvável de não conseguir, você tentaria fazer um tratamento?" Os pacientes prometem porque têm certeza de que não vão fracassar.

Passamos então para a terceira fase, a última: a abstenção controlada. Esses pacientes não mudam seu modo de vida. Continuam freqüentando os lugares onde seus amigos consomem drogas, por exemplo. Os adolescentes ainda não aprenderam a adiar a gratificação e são governados por impulsos. Também estão imersos numa subcultura de drogas. Vai levar tempo para entenderem por que têm de deixar esses amigos para trás.

A intervenção da família é a última coisa que Bell usa. Ela também recomenda que se encontre uma pessoa "modelo", "vibrante, cheio de vitalidade", com idade entre dezesseis e dezoito anos, com credibilidade na região, para falar com os adolescentes sobre sua própria recuperação. Quando ela começou a trabalhar com adolescentes e não conseguiu

156 *Vícios*

encontrar alguém da idade deles em processo de recuperação, um motoqueiro de 28 anos deu uma palestra excelente. "A garotada gosta de coisas modernas", explica.

Ao levar alguém a um pré-tratamento, três objetivos importantes são alcançados. É feita uma avaliação completa durante as seis ou oito semanas de sessões, que permite aos pacientes cumprirem as tarefas do pré-tratamento, e cria um espaço para o aconselhamento motivacional, de modo que os viciados são motivados a se recuperar.

Um lembrete final sobre a tentativa de prevenir o vício e sobre a questão de ajudar alguém a se recuperar: *as crianças fazem o que você faz, não o que você lhes diz para fazer.* Você tem de ser um modelo digno de confiança.

APÊNDICE II

Casos especiais — Diagnóstico dual

O vinho bebido com igual quantidade de água afasta a ansiedade e os terrores.

HIPÓCRATES

Hipócrates tinha razão: o vinho e outras drogas podem mascarar um transtorno mental. Algumas pessoas se recuperam do vício — para depois descobrir que sofriam de depressão ou de esquizofrenia diagnosticáveis que estavam mascaradas pela bebida ou pelas drogas. Outras podem ter dificuldade em deixar de beber ou consumir drogas, ou têm recaídas constantes, por apresentarem um transtorno psiquiátrico interligado à sua dependência da substância química. Aqueles que apresentam tanto uma dependência química como uma doença psiquiátrica são descritos como indivíduos que têm um "transtorno dual" ou um "diagnóstico dual".

Do mesmo modo que em relação à palavra vício, os especialistas podem discordar dessa expressão. Alguns não gostam de limitar o número a "dual". Outros dizem que qualquer vício pode ser incluído, mas as pesquisas realizadas até hoje concentraram-se no vício em substâncias químicas.

Incluídas na categoria de diagnóstico dual estão as pessoas cujo uso mesmo ocasional de álcool ou drogas causa problemas sérios o bastante para merecerem um tratamento.

Alguns estudos indicam que os problemas com drogas ou álcool prejudicam a recuperação de até 75% dos pacientes

158 *Vícios*

psiquiátricos. Portanto, se alguém próximo a você tem tido problemas psiquiátricos constantes, verifique seu uso de álcool/drogas. Isso pode renovar as esperanças da recuperação do transtorno mental que apresentam. Por exemplo: os esquizofrênicos que bebem podem se esquecer de tomar a medicação diária que mantém sua vida administrável; resolva o problema da bebida e você vai estar resolvendo o problema de tomar o remédio todos os dias.

Em 1990, O US National Institute of Mental Health (Instituto Nacional de Saúde Mental dos Estados Unidos) publicou uma pesquisa com mais de 20 mil adultos norte-americanos. Descobriram que 37% dos alcoólatras tinham um transtorno mental e que 53% dos viciados/dependentes de drogas tinham pelo menos um transtorno psiquiátrico, assim como 64% dos que abusavam de drogas e estavam em tratamento.

Os transtornos duais mais comuns e mais visíveis são bipolaridade e esquizofrenia (que afeta mais os homens que as mulheres) e depressão (que afeta mais as mulheres que os homens), todos eles descritos neste apêndice. Os outros transtornos duais mais comuns são transtornos de personalidade e ansiedade.

As estatísticas não são tão sombrias como parecem à primeira vista. Por exemplo: sintomas de depressão podem resultar dos efeitos do álcool ou das drogas no sistema nervoso central. A maioria deles desaparece depois de algumas semanas de abstenção.

Usar substâncias químicas que alteram o humor e/ou a consciência ou abster-se delas também pode resultar em mania, ansiedade, pânico, paranóia, delírios e alucinações. Usuários de drogas alucinógenas ou estimulantes podem tornar-se psicóticos e parecer esquizofrênicos. As pessoas que abusam de tranqüilizantes podem manifestar sintomas de agitação e ansiedade quando reduzem a quantidade ou

Casos especiais — diagnóstico dual   159

param de usá-los. Resolva o problema do vício que esses sintomas desaparecerão.

Os programas dos Doze Passos enfatizam o papel da mudança de personalidade no processo de recuperação. O Quarto, Quinto, Sexto, Sétimo, Décimo e Décimo Segundo Passos em particular tratam da mudança dos "defeitos de caráter", útil no tratamento de transtornos de personalidade.

Minha experiência com viciados que passam por um programa completo de recuperação, inclusive aconselhamento *com o terapeuta certo,* mostra que tratam de muitos transtornos mentais — sem lhes colocar um rótulo psiquiátrico — enquanto lidam com seu modo de vida viciado. Entre as questões que sei que são enfrentadas no aconselhamento para recuperação de viciados estão corte/mutilação de si mesmo, transtornos de dependência, transtornos anti-sociais, transtornos crônicos provocados por estresse, que incluem transtorno pós-traumático causado por estresse e transtorno de personalidade limítrofe, bem como os efeitos de maus-tratos ou abuso sexual na infância. É por isso que você precisa escolher seu terapeuta com o maior cuidado.

As pessoas com transtornos duais têm mais probabilidade de ter recaídas do que as outras. Uma boa terapia, no entanto, pode significar uma vitória de recuperação dupla em vez de uma recaída dupla.

As sugestões para a recuperação ao longo de todo este livro não incluem somente problemas com vício; elas ajudam a tratar de muitos transtornos duais. Na verdade, são um instrumento excelente de auto-ajuda se você tiver um dos transtornos citados acima, mesmo sem ser viciado!

É necessário enfatizar, porém, que os transtornos duais precisam de supervisão profissional. Algumas pessoas podem precisar de ajuda psiquiátrica e medicação especializada.

160   *Vícios*

Como os transtornos duais são uma área nova até mesmo para os profissionais, leia mais sobre o assunto caso suspeite que você ou alguém próximo tem um diagnóstico dual.

O que fica óbvio quando se lê a respeito dos sintomas dos transtornos mentais neste capítulo é que são muito semelhantes às características demonstradas pelas pessoas quando estão exercendo seu vício. Somente quando elas mantêm distância do vício é que se pode ver claramente se os sintomas fazem parte de um transtorno mental ou se desaparecem com a recuperação do vício. Em outras palavras, se você ou alguém próximo manifesta os sintomas que apresentamos a seguir, não suspeite de um transtorno mental a menos que eles continuem depois de um período razoável de abstenção.

Todos os sintomas da lista deste capítulo foram extraídos do DSM-IV da American Psychiatric Association, o manual de diagnóstico com maior aceitação no mundo todo. Aplicam-se somente quando as características não se devem a drogas/remédios, a um problema médico ou a outro transtorno psiquiátrico. Todas as características devem ser inalteráveis e persistentes, prejudicar a vida normal ou causar sofrimento emocional.

DEPRESSÃO GRAVE E DISTIMIA

"Grave" é o extremo mais severo da depressão, e distimia é o mais leve. Ambos respondem particularmente bem à terapia que visa corrigir a maneira de pensar e o comportamento — que incluem as sugestões deste livro —, assim como à terapia que explora sua natureza. Também respondem à medicação.

Cerca de 14% a 34% das pessoas com transtornos por abuso de substâncias químicas têm uma enfermidade depressiva corrente; 35% a 69% dessas pessoas podem tê-la a vida toda.

Casos especiais — diagnóstico dual   161

Os sintomas seguintes do DSM-IV de depressão grave podem manifestar-se somente durante um período da vida, embora também possam ser recorrentes.

Sintomas de transtorno depressivo grave

Um transtorno depressivo grave pode ser diagnosticado quando dois ou mais dos sintomas que se seguem se manifestam quase todos os dias, quando não se deve a luto ou a outros eventos específicos:

1. Depressão durante a maior parte do dia
2. Interesse/prazer reduzidos em relação a todas ou a quase todas as atividades durante a maior parte do dia
3. Perda ou ganho de peso significativo não estando de dieta (mais de 5% do peso total em um mês), ou redução ou aumento de apetite
4. Insônia ou hipersônia
5. Agitação ou letargia
6. Fadiga ou falta de energia
7. Sentimentos de falta de valor pessoal ou culpa excessiva ou inadequada, não apenas autocrítica
8. Redução da capacidade de pensar ou concentrar-se ou indecisão
9. Pensamentos recorrentes de morte, pensamentos suicidas sem um plano específico, tentativa de suicídio ou um plano específico para cometer suicídio
10. Nunca houve um episódio maníaco, misto ou hipomaníaco (ver "Transtorno bipolar" na página seguinte).

A distimia e a depressão grave têm sintomas parecidos, mas diferem no desencadeamento, duração, persistência e gravidade. Os episódios de depressão grave podem ser distintos do funcionamento habitual da pessoa; a distimia, contudo, apresenta sintomas crônicos menos severos que duram pelo menos dois anos, com menos de dois meses de alívio de cada vez.

162   *Vícios*

Para dispor de mais informações sobre os vários tipos de depressão, leia *Depressão*, de Sue Breton, outro livro desta coleção *Guias Ágora*.

TRANSTORNO BIPOLAR

Também conhecido como depressão maníaca, esse transtorno pode envolver episódios "maníacos", episódios depressivos ou ambos ciclicamente. Em geral se manifesta antes dos trinta anos, mas pode aparecer depois dos cinqüenta. Na maioria dos casos, o primeiro episódio implica um movimento pendular rumo ao estado maníaco. Cerca de 60% das pessoas com transtorno bipolar têm alguma dependência química, principalmente do álcool.

Explicaram-me que meus trinta anos de bebida tinham mascarado o fato de eu ser maníaco-depressivo. Os psiquiatras disseram-me que meus projetos ousados e às vezes grandiosos — que iam da organização de festivais e concertos nas ruas a arriscar a vida no Saara — eram indício de uma inclinação maníaca.

Essa tendência estava se formando quando o álcool entrou na jogada em quantidade considerável. Eu tinha força suficiente para reprimir ou distorcer as tendências maníacas e, ao mesmo tempo, aumentar a extensão de todos os períodos depressivos.

Deixei de consumir álcool. Sigo um programa dos Doze Passos. Também tomo uma medicação que não vicia, com um acompanhamento por meio de exames de sangue a cada seis semanas. Minha vida está administrável e sinto-me completamente estabilizado hoje em dia.

WYLTON, em processo de recuperação de um transtorno dual

A história de Wylton é parecida com a de outras pessoas em processo de recuperação de transtornos bipolares. Assumiram o controle de sua vida em tal medida que, a menos

Casos especiais — *diagnóstico dual*   163

que falem de sua enfermidade, não há maneira pela qual um observador possa saber que têm um problema.

Sintomas de transtorno bipolar, mania

1. Há um período bem definido de bom humor, humor expansivo ou irritável anormal e persistentemente elevado, que dura pelo menos uma semana.
2. Durante a perturbação do humor, três ou mais dos seguintes sintomas estão presentes:
   a. auto-estima inflada ou grandiosidade
   b. menor necessidade de sono
   c. mais falante que de costume, ou sentindo-se pressionado a falar
   d. fluxo de idéias ou sensação de que os pensamentos estão "a mil por hora"
   e. distração (a atenção é facilmente desviada por estímulos externos pouco importantes ou irrelevantes)
   f. aumento de atividade dirigida a um objetivo (socialmente, no trabalho ou na escola, ou sexualmente), ou agitação psicomotora
   g. envolvimento excessivo em atividades prazerosas que podem ter conseqüências desagradáveis (excesso de compras, imprudências sexuais, investimentos comerciais descabidos)
3. A perturbação do humor é grave o suficiente para causar deterioração acentuada nas atividades profissionais ou nas atividades e relacionamentos sociais habituais, ou para necessitar de hospitalização.

As pessoas portadoras desse transtorno podem ser tratadas em um centro ou clínica de tratamento de vícios ou numa instituição para doenças mentais, mas é mais provável serem encontradas nesta última; podem se beneficiar com programas de auto-ajuda — que incluem as sugestões deste livro — e terapia que tratem o vício. Portanto, um bom programa de recuperação pode "matar dois coelhos com uma só cajadada".

164   *Vícios*

Às vezes, esses tratamentos são complementados com medicação como o lítio, se essa substância estiver faltando no corpo.

ESQUIZOFRENIA

É um dos diagnósticos duais mais díficeis de se fazer. O grau em que uma pessoa a tem é que determina a medida do sucesso do tratamento.

Sintomas de esquizofrenia

1. Dois ou mais dos seguintes sintomas, cada um deles presente durante uma parte significativa do mês (só é necessário um sintoma, caso os delírios sejam bizarros ou as alucinações consistam em uma voz (ou mais de uma) que não pára de fazer o mesmo comentário):
    a. delírios;
    b. alucinações;
    c. fala desorganizada (disparatada ou incoerente);
    d. comportamento excessivamente desorganizado ou catatônico (apático);
    e. sintomas negativos.
2. O desempenho social/profissional cai visivelmente.
3. A perturbação persiste durante pelo menos seis meses.

É particularmente importante consultar especialistas em diagnósticos duais porque os tratamentos de esquizofrenia e de vícios costumam ser opostos. Por exemplo: é recomendável que os viciados expressem seus sentimentos, porém isso não é aconselhável para os esquizofrênicos. Os viciados devem enfrentar seu vício, contudo não é aconselhável que os esquizofrênicos se confrontem com sua doença.

Depois de apresentar essa ressalva, é necessário dizer que o envolvimento da família ajuda tanto o membro doente quanto a própria família a obter ajuda para todos. O sucesso

Casos especiais — diagnóstico dual 165

com o tratamento da esquizofrenia depende de pequenos passos, mas é possível.

Lembre-se: quando os esquizofrênicos mantêm distância da bebida e das drogas, têm mais controle sobre qualquer medicação que os ajude a levar uma vida normal e gratificante.

TRANSTORNO DE ANSIEDADE

São os problemas psiquiátricos mais comuns entre a população adulta em geral. Quando você se sente em perigo, a reação normal é "lutar ou fugir". Seu cérebro diz ao corpo para sentir medo do perigo — suas glândulas supra-renais segregam hormônios, o coração bate mais rápido, o sangue é bombeado para os músculos que se tensionam para a ação e o suor resfria seu corpo, exigindo que você se decida por uma solução ou por outra. Se você reage dessa maneira a um perigo que não existe, ou se restringe suas atividades para evitar uma resposta dessas, está sofrendo de um transtorno fóbico ou de ansiedade.

Os transtornos de ansiedade incluem o pânico, a fobia, a obsessão e a compulsão, o estresse pós-traumático e problemas generalizados de ansiedade.

A síndrome do pânico

É o transtorno de ansiedade mais comum entre pacientes que procuram tratamento de algum vício e é duas vezes mais comum entre as mulheres do que entre os homens que abusam de drogas. Um transtorno do pânico, a agorafobia ou medo de espaços abertos, é o segundo transtorno mais comum entre mulheres alcoólatras. Pais, filhos e irmãos de pacientes com problemas de ansiedade tendem a partilhar esse problema.

O *DSM-IV* define um ataque de pânico como um período de medo ou desconforto intenso em que quatro ou mais dos

166   *Vícios*

seguintes sintomas se manifestam abruptamente e alcançam o ponto culminante em dez minutos:

- taquicardia ou aceleração dos batimentos cardíacos
- suor
- tremor
- sensação de falta de ar ou sufocamento
- sensação de obstrução ou asfixia
- dor/mal-estar no peito
- náusea/dor abdominal
- tontura/vertigem/desmaio
- sensação de irrealidade/de estar distante de si mesmo
- medo de perder o controle/de enlouquecer
- medo de morrer
- entorpecimento ou formigamento
- calafrios ou rubores

As pessoas que sofrem desse problema podem conseguir alívio com técnicas de relaxamento e respiração adequada, uma alimentação saudável que elimine estimulantes como a cafeína e a nicotina, exercícios para reduzir a tensão muscular e técnicas para corrigir pensamentos e crenças — em outras palavras, muitas das recomendações deste livro. Pode ser necessário tomar medicação temporariamente. Um dos livros que fazem parte desta série (Guias Ágora) — *Ansiedade, Fobias e Síndrome do Pânico* — também pode ajudar.

Fobias

Estão divididas em "sociais" e "específicas". Estas últimas são um medo excessivo ou descabido, desencadeado pela presença ou a antecipação de um objeto ou situação específicos. Uma fobia social é um medo persistente de situações sociais ou de desempenho em que você é exposto a pessoas desconhecidas ou a um possível exame por parte de terceiros. Você teme agir de um modo que será humilhante ou embaraçoso.

Casos especiais — diagnóstico dual 167

Ambos os tipos de fobia podem assumir a forma de um ataque de pânico. Evitar a situação ou sofrer com ela interfere na rotina, nas atividades ou relacionamentos profissionais ou sociais e a pessoa sofre com o fato de ter a fobia (incidentalmente, o medo de comer em público em geral não se deve a uma fobia, e sim à anorexia ou à bulimia).

As pessoas com fobias sociais respondem melhor se tratadas primeiro com terapia individual e depois com terapia de grupo. Quando você resolve primeiro a fobia social, pode se sentir mais à vontade e se sair melhor em programas de auto-ajuda ou em outros grupos de apoio.

O medo de situações sociais pode ser muito reduzido com treinamento no estabelecimento de contato olho no olho, de postura, de expressão facial, de tom de voz e conteúdo e fluência da fala.

Transtorno de obsessão-compulsão (TOC)

As histórias clínicas sugerem que o abuso de álcool e tranqüilizantes suaves é muito comum entre as pessoas com transtornos de obsessão-compulsão.

Obsessões são pensamentos, impulsos ou imagens persistentes que se impõem à pessoa e causam ansiedade. As mais comuns são pensamentos repetidos sobre contaminação (Howard Hughes é um exemplo famoso), dúvidas repetidas ("Será que deixei a porta aberta?"), a necessidade de ter as coisas numa determinada ordem, impulsos agressivos ou horríveis (como ferir seu filho ou gritar obscenidades numa igreja) e imagens sexuais (pornografia recorrente). É pouco provável que estejam relacionadas com um problema da vida real.

Compulsões são outros pensamentos ou ações que as pessoas usam para tentar neutralizar tais pensamentos e impulsos. Se você está obcecado, por exemplo, com a contaminação, vai passar compulsivamente o aspirador na casa à meia-noite

168   *Vícios*

ou limpar o chão até o prédio inteiro estar cheirando a amônia. Se está obcecado com a questão de fechar a porta da frente, vai tentar neutralizar os pensamentos verificando compulsivamente se a fechou, para ter certeza.

Em alguns casos, você pode realizar atos fixos ou estereotipados de acordo com regras elaboradas de maneira idiossincrática, sem conseguir explicar por que as está seguindo.

As obsessões ou compulsões podem tomar o lugar do comportamento útil e satisfatório. Como distraem, acabam por atrapalhar as tarefas cognitivas que exigem concentração, como ler ou trabalhar no computador. Você também evita objetos ou situações que "desencadeiam" obsessões ou compulsões. Essa fuga pode restringir gravemente o funcionamento geral. Por exemplo: uma mãe obcecada com a idéia de gritar obscenidades numa igreja recusou-se a assistir ao casamento da filha.

As pessoas com TOC podem se beneficiar com terapias comportamentais e cognitivas, com apoio de medicação. Reduzir os sintomas desse transtorno reduz o consumo de álcool e drogas, e vice-versa.

Transtorno provocado por estresse pós-traumático

Esse é um transtorno que descobri ser comum entre pessoas que sofreram maus-tratos na infância, que são os mais viciados de todos. Não vou entrar em detalhes neste livro, pela simples razão de que os sintomas tendem a ser tratados quando se entra em processo de recuperação, como ao conversar com seu terapeuta sobre as lembranças da infância. Essas lembranças só virão à tona se você se sentir seguro o bastante para deixá-las afluírem, o que em geral acontece quando já se está adiantado no processo de recuperação.*

---

* Veja também o título desta série Guias Ágora, *Traumas de Infância* de Ursula Markham.

Casos especiais — diagnóstico dual 169

Esse transtorno pode ser tratado pelo seu terapeuta, se você não consumir substâncias químicas que alterem o humor/a consciência.

TRANSTORNOS DE PERSONALIDADE

Como no caso de transtorno provocado por estresse pós-traumático, não vou entrar em detalhes a respeito do problema da personalidade limítrofe porque também tende a entrar automaticamente em remissão ou a ser tratado à medida que as pessoas conversam com seus terapeutas e seguem um programa de recuperação do vício. Isto é que é maravilhoso em um bom programa de recuperação, tal como foi explicado neste livro: ajuda em muitas outras áreas da vida.

O transtorno da personalidade anti-social (TPA) é considerado o transtorno de personalidade mais comum a coexistir com o vício e é encontrado com maior freqüência entre os homens do que entre as mulheres. Trata-se de um padrão de desconsideração ou violação dos direitos dos outros. As pessoas com TPA podem cometer atos que justificam a prisão, brigam, são mentirosas e não sentem remorso pelos efeitos de seus atos sobre os outros.

A boa notícia é que muitos pacientes com TPA podem se beneficiar com tratamento, mesmo quando involuntário. A terapia mais eficiente é observar formas de pensar e comportamentos específicos, em vez de explorar o eu.

Finalmente, há pessoas que têm um outro tipo de diagnóstico "dual", desta vez físico, e não psiquiátrico — os portadores de deficiências físicas.

UM CASO QUE NÃO É ESPECIAL: PESSOAS COM DEFICIÊNCIAS FÍSICAS

Muita gente acha que se deve dar um desconto para os portadores de deficiências físicas e viciados em álcool, dro-

170 *Vícios*

gas ou outro comportamento — mas o vício é a deficiência mais perigosa de todas. Na verdade, para começo de conversa, o vício pode até mesmo ter levado à deficiência física, por meio de acidente ou doença.

As pessoas podem gastar equivocadamente grande quantidade de tempo, energia e dinheiro tratando sintomas no lugar do vício em si. Isso significa poucas melhorias para o deficiente e muita sobrecarga para quem cuida dele e que pode estar sentindo frustração, inadequação, raiva e exaustão física e emocional.

Como afirmam Dennis Straw e Sharon Schaschl, dois dos autores de *Substance Abuse & Physical Disability* (Abuso de drogas e deficiência física):

> A deficiência costuma ser equiparada a doença, alimentando a idéia de que os deficientes são incapazes de assumir responsabilidade por si mesmos, de que requerem repetidas hospitalizações e têm de depender de medicação que altera o humor para funcionarem bem.

Straw e Schaschl são respectivamente coordenador e consultora do Abbott Northwestern Hospital/Sister Kenny Institute em Minneapolis, EUA, e, em 1983, implementaram um programa inovador para tratar da dependência de drogas/deficiência física. Observam eles:

> A família, os amigos e a comunidade médica sentem muitas vezes que se atribui pouco valor ao fato de pessoas deficientes conseguirem viver sem vícios. Supõe-se que, sem as substâncias químicas, elas não teriam condições de enfrentar o que é considerado uma existência miserável.

Alguns de seus pacientes receberam desde a infância medicações que alteram o humor e viveram em ambientes protegidos, em que se controlava o uso de suas drogas. Quando deixaram esses ambientes e tentaram integrar-se

Casos especiais — diagnóstico dual   171

na sociedade, o uso maior da substância química tornou-se um elemento equiparador. O vício floresceu.

A pesquisa com outros pacientes, cujas deficiências foram resultado de um trauma ou doença surgido mais tarde, indica que a maioria estava tendo problemas com substâncias químicas que alteram o humor muito antes da deficiência.

Os problemas de vida pelos quais passam os deficientes — falta de auto-estima, falta de higiene, modo de vida dependente, falta de motivação, mudanças significativas de personalidade, perda de memória, depressão, afastamento de valores pessoais, isolamento e desemprego — surgem, como no caso de todos os outros viciados, do vício, e não da deficiência física. Ela não pode ser usada como pretexto.

Entretanto, a mudança pode ser difícil para quem cuida deles, pois ser condescendente com o viciado alivia os próprios sentimentos desagradáveis a respeito da deficiência. Comportamentos inaceitáveis em pessoas sem deficiências podem ser permitidos, ignorados ou desculpados em deficientes. O vício pode ser encorajado como forma de socializar-se e de conseguir igualdade com os amigos que não sofrem de nenhuma deficiência, ou como "um de meus poucos prazeres".

As pessoas que cuidam dos deficientes podem achar que não têm o direito de negar a eles aquilo que querem, mesmo que suas opções sejam autodestrutivas. No entanto, perdem de vista suas próprias opções, uma vez que são manipuladas para dar permissão ou ajudar o deficiente a concretizar um comportamento destrutivo.

Como no caso de todos os outros vícios, as substâncias químicas que alteram o humor aliviam os sentimentos, mas estes têm de ser vivenciados e é preciso entrar em acordo com eles. Os deficientes podem dar a impressão de estarem expressando seus sentimentos, porém as substâncias químicas os mantêm alienados. O tratamento do vício acelera

172 *Vícios*

todo e qualquer ajuste emocional à deficiência que se faça necessário.

Assim sendo, que medicações não são perniciosas? As medicações são divididas em duas categorias, as de conveniência e as essenciais, segundo Straw e Schaschl. Os relaxantes musculares que viciam e alteram o humor, utilizados para controlar a tensão muscular (espasmos), assim como os narcóticos destinados a administrar a dor crônica, são medicações de conveniência. Os anticonvulsivos para controlar ataques são medicações essenciais.

As medicações que viciam e alteram o humor são impróprias para problemas crônicos. Os antidepressivos são indicados somente quando usados com aconselhamento e supervisão médica.

Os deficientes com dependência química precisam desenvolver métodos alternativos para administrar a dor crônica, os espasmos e o estresse. Relaxamento, meditação, acupuntura, *biofeedback*, auto-hipnose, dieta, ginástica, alongamento, emplastros quentes e frios, hidromassagem e massagem manual são técnicas substitutas eficientes. Esses métodos podem ser desenvolvidos independentemente ou como parte de um programa formal de reabilitação de dor crônica.

Parece haver um período de cerca de três meses após a interrupção do consumo das drogas durante o qual a dor e os espasmos se intensificam, enquanto o sistema nervoso se adapta à falta da medicação, e a produção de endorfinas se restabelece.

Será que a pessoa deve estar emocionalmente adaptada à sua deficiência antes de entrar em tratamento? O vício bloqueia adaptação; o tratamento do vício o acelera.

Os deficientes físicos que têm a coragem de entrar em tratamento talvez precisem da ajuda de material escrito/fitas gravadas, acesso a lugares e administração da dor crô-

Casos especiais — diagnóstico dual 173

nica e da tensão muscular. Mas não precisam de privilégios especiais.

É muito comum não se esperar que os deficientes assumam responsabilidade por si mesmos ou por seus atos e eles aprendem, muitas vezes, a responder às expectativas pouco ambiciosas dos outros com autopiedade, impotência ou manipulação. Contudo, o reconhecimento de suas capacidades permite que desfrutem uma participação ativa e igualitária no processo de recuperação.

Leituras complementares*

LIVROS

Alcoólicos Anônimos, JUNAAB — Junta de Serviços Gerais de Alcoólicos Anônimos do Brasil.

American Psychiatric Association, *Diagnostic and Statistical Manual of Mental Disorders, 4. ed. (DSM-IV)*, American Psychiatric Association, Washington DC, 1994.

Breton, Sue, *Depressão*, Ágora.

Buckroyd, Julia, *Anorexia e Bulimia*, Ágora.

Daley, Dennis C., Moss, Howard B. e Campbell, Frances, *Dual Disorders: Counseling Clients with Chemical Dependency and Mental Illness*, Hazelden Educational Materialis, Center City, Minnesota 55012-0176 ou Living Solutions, PO Box 616, Cork, Irlanda.

Dinkmeyer, Don e McKay, Gary, *The Parents' Handbook: Systematic Training for Effective Parenting*, American Guidance Service, EUA.

Os Doze Passos e as Doze Tradições, Alcoólicos Anônimos. JUNAAB.

Guide to Fourth Step Inventory, Hazelden, Center City, MN.

Heinemann, Allen W. (org.), *Substance Abuse & Physical Disability*, Haworth Press.

Kritsberg, Wayne, *Family Integration Systems*, Health Communications.

McKay, Mathew, Davis, Martha e Fanning, Patrick, *Thoughts & Feelings: The Art of Cognitive Stress Intervention*, New Harbinger Publications.

---

* No caso de livros já publicados no Brasil, colocamos apenas o título da obra em português com sua respectiva editora.

176

Moe, Jerry, *Discovery: Finding the Buried Treasure*, Sierra Tucson Educational Materials.

Mooney, Al e Eisenberg, Arlene e Howard, *The Recovery Book*, Robinson.

Peck, M. Scott, *A trilha menos percorrida*, IMAGO.

Sheehan, Elaine, *Ansiedade, Fobias e Síndrome do Pânico*, Ágora.

Whitfield, Charles, MD, Healing the Child Within, Health Communications.

_____ *Co-Dependence: Healing the Human Condition*, Health Communications.

_____ *Boundaries and Relationships: Knowing, Protecting and Enjoying the Self*, Health Communications.

REVISTAS

Addiction Counselling World, Addiction Recovery Foundation, 122A Wilton Road, Londres, SW1V 1JZ, INGLATERRA.

Professional Counselor, Health Communications, 3201 Southwest 15th Street, Deerfield Beach, FL 33442-8190, ESTADOS UNIDOS.

Índice remissivo

abstenção de nicotina 22
abuso de substância química
   critérios de diagnóstico 22-3
abuso × vício 151-3
aconselhamento/terapia
   crianças 150-166
   criminosos 153-166
   direitos do usuário de
     drogas 131
   grupos 133
   medidas tomadas no
     primeiro estágio 135
   medidas tomadas no
     segundo estágio 136
   prevenção de recaídas 129

acupuntura 74
adolescentes 141-156
afirmações 77
alcoolismo
   critérios de diagnóstico 22-3
   alimentação saudável 100-103
alimentação
   ver anorexia
   ver bulimia
   ver chocolate
anorexia
   critérios de diagnóstico 25
assumir riscos 70

bulimia
   critérios de diagnóstico 26

cafeína
   abstenção de 22
carreira × emprego 92
carta de despedida 80
"causas" 39-46
chocolate 25
codependência 16-18, 95-97
conselheiro/terapeuta
   escolha de 128-131
contar à família e a outros
   91-2
crianças 141-156
   ver também
   aconselhamento/terapia
   ver também prevenção
   ver também sinais de alarme
critérios de diagnóstico
   ver o vício específico
   ver transtorno dual específico

deficiências físicas 169-173
depressão 160-164
diagnóstico dual 157-173
direitos
   de ser humano 60-1
   do usuário de um serviço 131
dopamina 40-42
drogas 20-22

endorfinas 40-42
esquizofrenia 164-5

178 *Vícios*

festas de fim de ano 97-100
    ver também Natal/Ano-Novo
fobias 166

genética 40

hormônios 75

infância 43-5
    mensagens da 80-82
intervenção 127
inventário 78

jogo 27-29

limites 59-69

meditação 49-50, 55, 123
menstruação, menopausa 75

Natal/Ano-Novo 97-99
neuroquímica 40-42

obsessão-compulsão
    transtorno de 37, 166

pensamento distorcido 86-90,
    104
prevenção
    e crianças 142-150

relações afetivas 95-7
respiração 49-50

serotonina 40-42
sinais de alarme
    e crianças 149
        necessidade de
        desintoxicação 57

    ver também critérios de
    diagnóstico
síndrome do pânico 165
sintomas
    comuns a todos os viciados
    14-16
    ver também transtorno dual
    específico
    ver também o vício específico
sonhos 77
sucesso
    indícios de 137-8

táticas de emergência 49-58
terapeuta
    ver conselheiro/terapeuta
transtornos de ansiedade
    165-67
transtornos de estresse
    pós-traumático 168
transtornos de personalidade
    169
transtornos de
    obsessão-compulsão 166
tratamento
    ver aconselhamento/terapia

vício em amor
    sintomas 32-35
    ver também codependência
vício em compras/gastos
    compulsivos 31-39
vício em religião 35-37
vício em sexo
    sintomas 32-35

workaholism/vício em trabalho
    29-31, 92

A autora

Deirdre Boyd nasceu e estudou em Dublin, Irlanda, e vive em Londres desde 1981. Depois de uma carreira longa e bem-sucedida como editora de revistas comerciais, ela reconheceu seus próprios vícios e se tratou deles. Desde então dedica-se a instituições de caridade, entre as quais Sick Children's Trust, Children in Hospital, Turning Point e Chemical Dependency Centre, ao mesmo tempo em que oferece orientação em psicoterapia e aconselhamento.

Em 1993, ela pediu sua admissão na Addiction Recovery Foundation, instituição que agora administra e onde edita sua revista *Addiction Counselling World*, a única publicação do Reino Unido dedicada à recuperação de viciados.

A autora praticou todas as técnicas de recuperação recomendadas neste livro.

Impresso em off set

Rua Clark, 136 – Moóca
03167-070 – São Paulo – SP
Fones: (0XX) 6692-7344
6692-2226 / 6692-8749

com filmes fornecidos pelo editor

LEIA TAMBÉM

ANOREXIA E BULIMIA
Julia Buckroyd

Nos últimos 25 anos, a anorexia e a bulimia transformaram-se em endemias entre os jovens do mundo ocidental. O livro traz informações atualizadas sobre o assunto, que ainda é pouco conhecido e que atinge uma enorme camada de jovens entre 15 e 25 anos de idade. A autora esclarece como a sociedade e a cultura colaboram com a criação dessas doenças, descreve os sintomas, as conseqüências e também como ajudar no âmbito familiar e profissional. REF. 20710.

ANSIEDADE, FOBIAS E SÍNDROME DO PÂNICO
Elaine Sheehan

Milhares de pessoas sofrem de síndrome do pânico ou de alguma das 270 formas de fobias conhecidas. O livro aborda os diferentes tipos de ansiedade, fobias, suas causas e sintomas. Ensina meios práticos para ajudar a controlar o nível de ansiedade e orienta quanto à ajuda profissional quando necessária. REF. 20707.

DEPRESSÃO
Sue Breton

A depressão cobre uma vasta gama de emoções, desde o abatimento por um episódio do cotidiano até o forte impulso suicida. Este guia mostra os diferentes tipos de depressão e explica os sentimentos que os caracterizam, para ajudar os familiares e os profissionais a entender a pessoa em depressão. Ensina também como ajudar a si mesmo e a outros depressivos. REF. 20705.

ESTRESSE
Rochelle Simmons

Informações de caráter prático sobre este "mal do século" tão citado e pouco entendido. Descreve a natureza do estresse, técnicas de relaxamento e respiração, ensina a acalmar os sentidos e a gerenciar o estresse de forma positiva. REF. 20708.

LUTO
Ursula Markham

Todos nós, mais cedo ou mais tarde, vamos ter de lidar com a perda de alguma pessoa querida. Alguns enfrentarão o luto com sabedoria inata; outros, encontrarão dificuldades em retomar suas vidas. Este livro ajuda o leitor a entender os estágios do luto, principalmente nos casos mais difíceis como os das crianças enlutadas, a perda de um filho ou, ainda, os casos de suicídio. REF. 20712.

TIMIDEZ
Linne Crawford e Linda Taylor

A timidez excessiva interfere na vida profissional, social e emocional das pessoas. Este livro mostra como identificar o problema e como quebrar os padrões de comportamento autodestrutivos da timidez. Apresenta conselhos e técnicas simples e poderosas para enfrentar as mais diversas situações. REF. 20706.

TRAUMAS DE INFÂNCIA
Ursula Markham

Um trauma de infância pode ter sido causado pela ação deliberada de uma pessoa ou pode ter ocorrido acidentalmente. A autora mostra como identificar esse trauma e como lidar com ele por meio de exercícios e estudos de caso. O número de pessoas que sofreu alguma situação traumática na infância é imenso e a leitura deste livro poderá ajudá-las a superar e a melhorar sua qualidade de vida. REF. 20709.

- - - - - - - - - - - - dobre aqui - - - - - - - - - - - - -

ISR 40-2146/83
UP AC CENTRAL
DR/São Paulo

CARTA RESPOSTA
NÃO É NECESSÁRIO SELAR

O selo será pago por

SUMMUS EDITORIAL

05999-999 São Paulo-SP

- - - - - - - - - - - dobre aqui - - - - - - - - - - - - - -

VÍCIOS

CADASTRO PARA MALA-DIRETA

Recorte ou reproduza esta ficha de cadastro, envie completamente preenchida por correio ou fax, e receba informações atualizadas sobre nossos livros.

Nome: _____ Empresa: _____
Endereço: ☐ Res. ☐ Coml. _____ Bairro: _____
CEP: _____ - _____ Cidade: _____ Estado: _____ Tel.: ( ) _____
Fax: ( ) _____ E-mail: _____
Profissão: _____ Professor? ☐ Sim ☐ Não Disciplina: _____ Data de nascimento: _____

1. Você compra livros:
☐ Livrarias ☐ Feiras
☐ Telefone ☐ Correios
☐ Internet ☐ Outros. Especificar: _____

2. Onde você comprou este livro? _____

3. Você busca informações para adquirir livros:
☐ Jornais ☐ Amigos
☐ Revistas ☐ Internet
☐ Professores ☐ Outros. Especificar: _____

4. Áreas de interesse:
☐ Psicologia ☐ Comportamento
☐ Crescimento Interior ☐ Saúde
☐ Astrologia ☐ Vivências, Depoimentos

5. Nestas áreas, alguma sugestão para novos títulos? _____

6. Gostaria de receber o catálogo da editora? ☐ Sim ☐ Não
7. Gostaria de receber o Ágora Notícias? ☐ Sim ☐ Não

Indique um amigo que gostaria de receber a nossa mala-direta

Nome: _____ Empresa: _____
Endereço: ☐ Res. ☐ Coml. _____ Bairro: _____
CEP: _____ - _____ Cidade: _____ Estado: _____ Tel.: ( ) _____
Fax: ( ) _____ E-mail: _____
Profissão: _____ Professor? ☐ Sim ☐ Não Disciplina: _____ Data de nascimento: _____

Editora Ágora
Rua Itapicuru, 613 Conj. 82 05006-000 São Paulo - SP Brasil Tel (11) 3871 4569 Fax (11) 3862 3530 ramal 116
Internet: http://www.editoraagora.com.br e-mail: agora@editoraagora.com.br

recorte aqui

cole aqui